I0179036

MÉMOIRES

D'EMMANUEL-AUGUSTE-DIEUDONNÉ,

COMTE DE LAS CASAS,

COMMUNIQUÉS PAR LUI-MÊME.

DE L'IMPRIMERIE DE POULET,
QUAI DES AUGUSTINS, N°. 9.

MÉMOIRES

D'EMMANUEL-AUGUSTE-DIEUDONNE,

COMTE DE LAS CASAS,

COMMUNIQUÉS PAR LUI-MÊME,

CONTENANT :

L'HISTOIRE DE SA VIE,

UNE LETTRE ÉCRITE PAR LUI, DE Ste-HÉLÈNE, A LUCIEN BONAPARTE, LAQUELLE DONNE LES DÉTAILS CIRCONSTANCIÉS

DU VOYAGE DE NAPOLÉON

A CETTE ÎLE,

DE SA MANIÈRE D'Y VIVRE ET DES TRAITEMENS QU'IL Y ÉPROUVE;

AINSI

QU'UNE LETTRE ADRESSÉE A LORD BATHURST,

PAR LE Cte DE LAS CASAS,

A SON ARRIVÉE A FRANCFORT.

A PARIS,

CHEZ L'HUILLIER, LIBRAIRE, RUE SERPENTE, N°. 16.

1819.

PRÉFACE

DE L'ÉDITEUR ANGLAIS.

Parmi les hommes qui ont accompagné à Ste-Hélène le célèbre exilé , nul n'a davantage attiré sur lui l'attention publique que le *comte de Las Casas*. Les circonstances particulières qui ont accompagné son retour en Europe, les traitemens cruels qu'il a essuyés de la part des agens du gouvernement britannique , ne pouvaient manquer d'inspirer un grand intérêt, dans un âge comme le nôtre. Partout où M. de Las Casas a porté ses pas , il a exprimé hautement et dans un langage énergique ses plaintes amères; et c'est une opinion générale en Europe , que la justice aussi-bien que l'humanité ont été outragées en sa personne.

Lorsque la conduite de notre gouvernement fut discutée devant la chambre des communes, peu avant la dissolution du dernier parlement, les ministres de Sa Majesté se livrèrent aux accusations et aux insinuations les plus injurieuses, attaquant le caractère et la réputation de M. de Las Casas. L'imputation la plus sensible à un homme d'honneur est

sans doute celle qui lui fut faite par M. Goulburn, d'avoir sciemment et avec intention
trahi la vérité.

M. de Las Casas n'était point présent pour
répondre à cette accusation, et nul autre que
lui n'était cependant à même d'y répondre. Il
n'était point présumable qu'il supporterait
long-temps en silence une pareille accusation.
Aussi annonça-t-on bientôt dans tous les papiers publics, que M. de Las Casas s'occupait
avec ardeur de la publication d'une justification
circonstanciée de sa conduite et de sa vie entière. Cette justification est maintenant ache-
vée, et nous la livrerons ici au public de la
Grande-Bretagne.

L'ouvrage que nous publions se compose :
1° d'une vie de M. de Las Casas, où l'on emploie
il est vrai, en parlant de lui, la troisième personne, mais dont tous les matériaux sont four-
nis par lui-même. 2° D'une lettre écrite par M. de
Las Casas à Lucien Bonaparte, dans laquelle
il donne des détails circonstanciés sur le traitement qu'éprouve Napoléon, et sur sa manière
de vivre à Ste-Hélène, lettre qui fut cause de l'é-
loignement forcé de M. de Las Casas de cette
île. 3° D'une lettre contenant l'énoncé des griefs

particuliers de M. de Las Casas, adressée à lord Bathurst, immédiatement après l'arrivée du premier à Francfort.

Tels sont les matériaux que M. de Las Casas a jugé à propos de livrer au public, pour l'établir juge entre lui et le ministère anglais.

Les choses n'en resteront probablement point là. L'opinion publique a déjà en elle-même une force suffisante dans ce pays-ci, pour faire sentir son influence chez les personnes du rang le plus élevé. Nous ne doutons nullement que les ministres, dans le cas présent, n'aient quelque déférence pour elle, et qu'ils n'honorent cet ouvrage de quelque attention. Mais à tout événement, le sujet, tel qu'il est, et la conduite généralement observée à Ste-Hélène, seront certainement soumis au parlement, dès l'ouverture de la session prochaine.

Sans anticiper ici sur le jugement que portera le public dans la cause de M. de Las Casas, il nous sera permis peut-être de dire ici d'avance, que le récit de sa vie inspirera quelque intérêt. Ce récit porte tous les caractères du tableau le plus fidèle. Le comte

y est représenté en homme qui porte un cœur
brûlant, qui est animé de cet enthousiasme
romanesque, et qui possède en même temps
un caractère d'intégrité, qu'on s'attend à
trouver chez l'être qui, sacrifiant toute espérance d'avantages personnels en ce monde,
s'est dévoué aux rigueurs de la captivité dans
une île presque déserte, au milieu d'un océan
éloigné, pour donner quelque assistance, offrir quelques consolations à un maître ou
plutôt à un ami que la fortune, selon toutes
les apparences, a abandonné pour toujours.
Une partie considérable de cette vie s'est pas-
sée en Angleterre. C'est sur nos rives que le
comte de Las Casas fut jeté dans un déplorable état de dénûment, au commencement de
la révolution française. Du faîte du bonheur,
de la richesse et des jouissance du luxe même,
il fut précipité dans l'abîme de la pauvreté et
des privations. Mais ses talents et ses vertus
lui procurèrent, au milieu de nous, quoique
après une lutte longue et cruelle, d'honora-
bles moyens d'existence. Il y acquit de plus,
l'estime et l'amitié des personnes les plus
dinstinguées, qui conservent encore pour lui
les sentimens les plus affectueux. Si un

homme tel que celui-ci, qui a déjà donné au monde des preuves si manifestes de sa générosité et de sa délicatesse, pouvait en même temps s'être rendu coupable des torts que lui reproche lord Castlereagh et M. Goulburn, tout ce que nous pourrions dire, c'est qu'il est alors un véritable phénomène dans notre espèce. Mais sans faire ici injure ni au noble Lord, ni à son second, nous pouvons hardiment affirmer qu'il faudra quelque chose de plus que les simples assertions de ces messieurs, pour porter des hommes impartiaux à leur accorder leur confiance, de préférence à M. de Las Casas, surtout quand on considère qu'une de leurs principales assertions, pendant les mêmes dernières discussions parlementaires, n'obtint point de créance parmi leurs plus dévoués et plus crédules adhérens.

MÉMOIRES

D'EMMANUEL-AUGUSTE-DIEUDONNÉ,

COMTE DE LAS CASAS.

====

Vers la fin du onzième siècle, lorsque plusieurs Princes français, remplis d'un enthousiasme religieux et d'un esprit chevaleresque, passèrent les Pyrénées pour combattre les Maures, un des ancêtres de Las Casas fut le porte-étendard du comte Henri de Bourgogne. Les glorieux faits d'armes de ce Henri, fondateur du royaume de Portugal, sont suffisamment connus dans l'histoire. En l'une des dix-sept batailles dans lesquelles il triompha des Infidèles, la victoire resta long-temps indécise, jusqu'à ce que le porte-étendard de ce prince la fixât par des actes de valeur presque surnaturels. Mais de l'étendard qu'il portait dans cette bataille, il ne resta à la fin de l'affaire, entre ses mains, qu'un lambeau de soie ou une bande étroite. Henri voulut que ce débris précieux formât le fond des armoiries du héros auquel il attribua le succès de la journée, et il lui donna de plus, pour sa part de butin, *todas las casas*, c'est-à-dire, toutes les habitations des Maures qui pouvaient se voir du champ de bataille. De là viennent les armes, la devise et même le nom de cette famille.

A une époque plus rapprochée, elle fixa sa résidence dans le voisinage de Séville, en la province
d'Andalousie; et, en l'an 1200, un de ses membres,
Charles de Las Casas, fut du nombre des grands
d'Espagne qui accompagnèrent Blanche de Castille
en France, lorsque cette princesse y alla épouser
Louis VIII, père de St-Louis [1].

Le magnanime évêque de Chiapa, Barthélemi de
Las Casas, le courageux défenseur des Indiens, le
propagateur du christianisme et de la morale chrétienne, le missionnaire du Nouveau-Monde, l'or-
nement de l'humanité, dont le nom se rencontre
dans toutes les histoires, sur les théâtres, et dans
les ouvrages de fiction même, appartenait aussi à
cette famille illustre.

Emmanuel-Auguste-Dieudonné DE LAS CASAS, le
sujet de cette Biographie, est le dix-septième descen-
dant direct de cette famille depuis son établissement
en France, où elle se consacra presqu'en entier au
service militaire, et où elle compte parmi ses membres un grand nombre de guerriers blessés ou tués
au champ d'honneur dans les plus célèbres batailles
de la monarchie.

Le jeune comte de Las Casas naquit dans le château
de ce nom, près de Sorèze, dans la province de
Languedoc. Il fut élevé d'abord par les Pères de
l'Oratoire, à Vendôme, d'où il passa à la célèbre et

_____

(1) *Voyez* les Généalogies de St-Alais, Chérin, le Dic-
tionnaire de la Noblesse de France, etc.

privilégiée École militaire de Paris. Cette école a
fourni plusieurs militaires distingués, dont les noms
sont devenus fameux dans les fastes de la révolution. De là sont sortis Desaix, qui périt glorieuse-
ment à la bataille de Marengo ; Philippeaux, l'un des
héros de St-Jean-d'Acre ; Clarke, duc de Feltre ;
Hédouville ; l'ambassadeur Larochefoucault ; le
général Nansouti ; le maréchal Davoust, prince
d'Eckmülh, etc., et Napoléon.

Las Casas quitta très-jeune l'Ecole militaire de
Paris. Il était d'abord destiné à servir dans la cava-
lerie ; mais sa petite taille et sa constitution délicate
l'engagèrent à se vouer de préférence au service de
la marine. Il était fort de mode, à cette époque,
d'embrasser le service de mer ; et, de plus, sa famille ayant des liaisons avec celle du duc de Pen-
thièvre, grand-amiral de France, la faveur dont
elle jouissait auprès de ce prince, pouvait faire recueillir bientôt au jeune Las Casas tous les avantages qu'offrait cette brillante carrière très-suivie
alors.

Quinze jours s'étaient à peine écoulés depuis sa
sortie de l'École militaire et déjà notre jeune marin était à bord d'un vaisseau dans le canal, faisant
partie de l'escadre combinée, sous les ordres de
Don Louis de Cordova, qui était destinée à aller à
la recherche de la flotte anglaise, commandée par
l'amiral Howe. La première affaire où il se trouva
fut le siége de Gibraltar, où lui et la chaloupe qu'il
commandait furent bien prêts d'être engloutis par

les flots, au moment où il était occupé à sauver les équipages espagnols, et à les retirer de leurs vaisseaux enflammés. Quelques semaines après, il prit part à l'engagement naval qui eut lieu le 20 octobre 1782, près de Cadix, dans lequel cent vaisseaux de ligne des deux puissances belligérantes étaient opposés les uns aux autres. Ce fut la dernière action de cette guerre ; mais la paix ne mit point de bornes à son activité. Ambitieux de sa nature, il s'était déjà distingué à l'École militaire par sa diligence et ses travaux ; il y avait gagné à différentes reprises les premiers prix, et il continua à s'efforcer d'atteindre le but auquel il aspirait.

L'avancement dans le service maritime dépendait, à cette époque, de l'union des connaissances pratiques du marin aux connaissances approfondies des sciences mathématiques. Pour joindre la pratique à la théorie, Las Casas fit différens voyages aux colonies de l'Amérique, à la Nouvelle-Angleterre, au Sénégal, à l'Ile-de-France, dans les Indes orientales et occidentales. Il se proposa ensuite, pour la première fois, à l'examen du professeur, ensuite sénateur, Monge, pour être interrogé par lui sur les différentes branches des mathématiques. Le résultat de cet examen lui devint très-honorable, et il fut de suite promu au grade de lieutenant de vaisseau, ce qui lui donna le rang de major dans l'armée. Il avait à peine alors vingt et un ans ; et cet avancement rapide, peu ordinaire dans le service maritime, ne fut cependant nullement l'effet de la faveur, mais considéré comme une conséquence naturelle de ses travaux.

Si le biographe cite souvent sans scrupule les circonstances les moins importantes de la vie de son héros, à plus forte raison ne doit-il point omettre celles où il semblerait que la Providence, dans sa bonté, le conduisant par la main, l'a sauvé d'une destruction presque certaine. Las Casas a survécu à deux événemens remarquables de cette nature.

La grande et malheureuse expédition de Lapérouse est assez généralement connue. La première idée de cette entreprise fut conçue par Louis xvi, le plan en fut tracé de sa main; on regardait alors comme une insigne faveur l'avantage d'y être attaché. Les parens du comte, qui occupaient des places à la cour, lui obtinrent cette faveur, et lui en firent passer sur-le-champ la nouvelle à Saint-Domingue, où il se trouvait alors à bord d'un vaisseau. Il revint avec le plus grand empressement en Europe; mais il arriva trop tard : l'expédition avait déjà mis à la voile. Son chagrin fut inexprimable; mais que l'homme est par lui-même peu en état de juger et d'apprécier les vrais motifs d'affliction ! Pas un seul individu ne revint de ce voyage; et, jusqu'en ce moment, personne ne sait ni où, ni comment les vaisseaux de cette expédition se perdirent.

L'année d'après son retour de St.-Domingue, le comte désirait vivement être encore employé, et obtenir aussi promptement que possible, par l'ac-

complissement dés années de services que la loi
exigeait, des droits à un nouvel avancement ; il
fut nommé en effet au commandement d'un brick.
Mais l'état de sa santé et des relations d'amitié le
firent renoncer à cette mission, et il fit tous ses
efforts pour en obtenir une autre dans un plus
grand bâtiment, qu'on armait aussi alors en guerre.
Plus on lui opposait de difficultés et plus il adhérait
fermement à son plan, déclarant à la fin, qu'il re-
noncerait plutôt au service du Roi qu'à cet échange
de destination. Il réussit, et ce fut un grand bonheur
pour lui, car le brick en question, *le Matin*, mit à
la voile quelques semaines après, accompagnant
une frégate destinée pour le Sénégal, et, par une
nuit obscure, il fut séparé de cette frégate, et personne depuis n'en a entendu parler.

Notre jeune navigateur, élevé au rang de lieutenant de vaisseau, avait été de bonne heure et heu-
reusement débarrassé de toutes les épines du métier,
et mis à portée de ne plus recueillir que les avantages de son état. Mais jusque-là il avait passé sa vie
dans les écoles ou à bord des vaisseaux. Le grand
monde lui était presque entièrement inconnu, il y
fit bientôt son entrée, et sous de bien heureux auspi-
ces ! A la fleur de l'âge, occupant déjà un rang distingué, présenté à la cour, admis à l'honneur,
suivant l'expression d'alors à Versailles, de monter
dans les carrosses du Roi ; privilége exclusif appartenant aux anciennes familles, obtenant chaque
jour des gages assurés de la faveur royale, nourris-

sant l'espérance certaine d'une alliance brillante :
quelle belle perspective ! quelle heureuse destinée !
Une vie douce et tranquille semblait lui être assurée : mais que tous les calculs des hommes sont
vains et décevans ! son horoscope était tiré, et lui
promettait le calme et le bonheur : bientôt les tem-
pêtes et les calamités vinrent l'assaillir. Un sombre
nuage apparut soudain sur l'horizon, un ouragan
épouvantable vint tout dévaster ; la noblesse française fut frappée ; la tête, le tronc, toutes les branches de l'arbre furent battues de la tempête. La révolution éclata.

Le mal rongeur qui s'était attaché à toutes les
relations sociales de la France, consistait principalement en ce qu'il n'existait plus, dans ce pays,
que des rangs et des classes, il n'y avait point de
patrie ; nulle idée de droit public, de prospérité
générale, mais des préjugés et des priviléges partout. La révolution ne fut point une insurrection
de sujets contre leurs maîtres, pas même une insurrection réelle du peuple, mais bien plutôt une
insurrection de vassaux contre leurs maîtres, et
contre le chef suprême. Ce fut un soulèvement en
faveur de l'égalité contre les priviléges, une résistance pareille à celle que jadis les Gaulois oppo-
sèrent aux Francs.

L'émigration eut bientôt lieu. Le comte de Las
Casas, ardent, enthousiaste, dans l'effervescence
de la jeunesse et des passions, fut un des premiers qui se précipitèrent dans le sentier appelé

2

par tous ceux auxquels il était lié, le chemin de l'honneur. On le trouva à la première réunion des émigrés avec le prince de Condé, à Worms. Peu de temps après le comte d'Artois arriva à Mayence. Le Roi fut arrêté, dans sa fuite, à Varennes ; et *Monsieur,* maintenant Louis xviii, fit son entrée à Coblentz.

Il est bien difficile maintenant de se former une idée de la crédulité, de l'entêtement, et du vide d'idées des jeunes émigrés à cette époque. Ils considéraient déjà tous leur nombre comme plus que suffisant pour réduire à l'obéissance cette populace réfractaire, comme ils se plaisaient à appeler le peuple français. Chaque nouvel arrivant était vu d'abord avec malveillance et jalousie. Cependant leurs jours se passaient en fêtes et en plaisirs, qui n'empêchaient point d'exhaler d'amères plaintes contre ceux qui cherchaient à imposer quelque frein à cette impatience extrême qui les poussaient vers l'abîme où le sort devait bientôt les engloutir.

Coblentz était alors le point de réunion de la plus brillante société. Là se trouvaient et le premier et l'arrière-ban de la noblesse française, tout ce que la mode et l'élégance de Paris pouvait offrir de plus recherché. C'est à cette époque de sa vie que Las Casas eut le plus occasion de voir les hautes classes de la société et de jouir de tous les charmes de la bonne compagnie. Il avait un libre accès auprès de la comtesse de Balby, était admis à ses soirées ; son nom se trouvait même porté sur la liste particulière et choisie de la comtesse de Pollastron. Dans ces

réunions, on rencontrait alors tous ceux qui avaient
prétention à la faveur comme au bon ton et à l'élégance. Les mémoires du temps feront sans doute
mention de ces deux dames, dont l'une était spiri-
tuelle, aimable, vive et animée, aimant le faste et
la splendeur; tandis que l'autre était douce, modeste, réservée et silencieuse. Mais les Princes français étaient entièrement subjugués par ces deux
aimables dames.

Non loin de Coblentz, la ville d'Aix-la-Chapelle offrait aussi un lieu de réunion aux plus illustres per-
sonnages de l'Europe. Un grand nombre de princes
et d'hommes titrés s'y trouvaient alors. Las Casas y
fit de fréquens voyages. Il y donnait tous ses soins
à l'infortunée princesse de Lamballe, dont la famille
était liée à la sienne. Quand cette noble victime de
l'amitié et d'un dévoûment héroïque, quitta Aix-
la-Chapelle pour se rendre près de la reine de
France, étant restée sourde à tous les conseils et à
tous les avertissemens qu'on lui donnait sur le sort
auquel elle pouvait s'attendre, Las Cazas l'accom-
pagna jusqu'à la frontière. Il désirait vivement la
suivre déguisé jusqu'à Paris; les ordres absolus de
cette princesse l'empêchèrent seuls de mettre son
projet à exécution. Parmi les connaissances distin-
guées que fit Las Casas à Aix-la-Chapelle, nous
citerons encore le comte de Haga (Gustave III, roi
de Suède), qui l'honora d'une attention particulière,
lui conféra un grade dans sa marine, et voulut l'emmener en Suède avec lui dans sa voiture. Quelques

retards privèrent le comte de cette faveur, et peu
de temps après, le roi de Suède fut tué par Ankars-
troem. Si Las Casas avait accompagné ce prince, sa
destinée aurait peut-être pris une direction bien
différente.

Enfin s'ouvrit la mémorable campagne de 1792.
La croisade du duc de Brunswick est suffisamment
connue. Les émigrés se mirent en mouvement.
Toute la jeune *noblesse* prit les armes, et le fusil sur
l'épaule, servit à ses propres frais dans les rangs des
simples soldats. L'esprit de ces nobles guerriers était
bon, leur courage et leur dévoûment méritoires même ; mais ils n'en formèrent pas moins une cohue
désordonnée, et donnèrent au monde un spectacle
vraiment ridicule. Ils passèrent devant Thionville, et
crurent pouvoir s'emparer de cette ville en se montrant seulement et en l'investissant. Ils négocièrent
long-temps avec les Autrichiens, afin d'obtenir deux
pièces de canon, tirées de Luxembourg, pour les
employer au siége qu'ils entreprenaient. Las Casas
marchait dans les rangs du corps de la marine, et
par un hasard assez singulier, se trouva en face
de la garde nationale de Brest, qui garnissait les
remparts. Les soldats de cette ville saluèrent
leurs anciennes connaissances en les accablant
d'injures, en vrai style de matelots, et ces invectives furent le plus grand mal qu'on se fît réci-
proquement. On était si peu avancé à cette époque,
dans l'art de la guerre, qu'un seul bataillon de la
garde impériale de nos derniers temps aurait sans

difficulté, mis en déroute toute l'armée des émigrés, quoique celle-ci fut commandée par des maré-
chaux qui avaient jadis gagné des batailles. Heu-
reusement qu'alors la tactique du parti opposé n'é-
tait guère plus perfectionnée.

Tout le monde connaît l'issue funeste de l'inva-
sion du duc de Brunswick, sa rapide et malheureuse retraite. Cette campagne devint le tombeau
des derniers restes du système féodal de la France.
Les émigrés auraient dû apprendre, dès-lors, par
cette terrible expérience, à quelles calamités fu-
nestes on s'expose lorsque, dans les dissensions
civiles, on a recours aux étrangers; ils auraient
dû apprendre quelle foi et quelles espérances on
peut fonder sur leur appui. Jusque-là, les émigrés avaient été constamment retenus comme des
prisonniers entre les colonnes prussiennes; mais
à peine la retraite eut-elle commencé, qu'ils se
virent maltraités, insultés, pillés même. Ils furent
forcés de jeter leurs armes, et bientôt dépouillés
des objets de première nécessité, ils errèrent de
contrée en contrée, souvent chassés des villes et
des pays par les princes même dont ils avaient reçu,
peu de jours auparavant, l'accueil le plus flatteur,
qui les avaient encouragés à combattre, et qui les
avaient traités d'avance en vainqueurs.

Las Casas, s'abandonnant à son étoile, traversa
tristement à pied le Luxembourg, le pays de Liége,
les villes d'Aix-la-Chapelle, Maëstricht, et gagna
enfin Rotterdam. Une foule considérable d'émigrés

grés s'était amoncelée dans la Hollande ; plusieurs
s'embarquèrent pour des pays éloignés, et quel-
ques-uns furent même forcément conduits à Ba-
tàvia.

Las Casas, avec un bon nombre de ses compagnons
d'infortune, se jeta dans un vaisseau charbonnier
anglais. Ils y furent traités absolument comme une
cargaison de Nègres, et mis à terre sur les bords de
la Tamise, à une distance considérable de Londres,
qu'il leur fallut alors gagner à pied, chacun comme
il le put. Un monde tout nouveau, une existence inaccoutumée s'offrirent ici dans toute leur
horreur au comte de Las Casas. L'infortune luttant avec le besoin, parurent devoir composer sa
destinée future. Il n'était plus question de cottes
d'armes, de haute naissance, ou de rang élevé :
tous ces avantages éphémères avaient été anéantis
en un clin-d'œil. Frappé par le malheur, jeté au milieu de la masse du peuple, il lui fallut ou prendre
part à l'industrie et aux travaux de ce peuple, ou
périr. Banni de sa patrie, errant sur un sol étranger, parmi des hommes dont le langage même lui
était inconnu, privé de tout appui, sans connaissance, sans argent, sans communication avec ses
anciens amis, sous peine de les entraîner aussi dans
son malheur, telle était la terrible position du
comte. Il ne se laissa cependant point abattre. Chez
lui, dans un corps faible et débile, habitait une
âme forte et énergique.

« Ai-je le droit, disait-il à lui-même, de me re-

garder comme bien malheureux, quand je jette un
regard sur tant de vieillards sans secours, sur tant
de femmes émigrées, nourries jusqu'ici dans le sein
des plaisirs et de l'abondance, se traînant maintenant sur le pavé de ces rues dans la plus affreuse misère, sans assistance aucune, sans industrie quelconque, et même sans énergie suffisante pour employer leurs talens s'ils en possédaient? Et d'ailleurs,
ajoutait-il, quand je considère la classe de laquelle je
me rapproche maintenant, quand j'en vois les individus laborieux travailler sans relâche, à la sueur
de leur front, pour gagner la pénible existence de
chaque jour, mais sans certitude de ne point être
exposé à la faim le lendemain ; quand je me compare
à eux, ai-je réellement le droit de me plaindre ?
Un événement m'a plongé dans cet état ; demain,
peut-être, un autre événement m'en tirera. Mais
ces êtres infortunés, la souffrance est l'état habi-
tuel de leur vie, la cruelle pauvreté les accueille
dès leur naissance, elle les suit jusqu'à leur tombeau : quel triste présent l'existence fut pour eux !
Ce sont eux qui ont droit à la plainte ; et moi, combien n'ai-je point encore à me louer de ma destinée ! » Des considérations de cette nature furent le
vrai talisman qui ranima sa force et son courage. Dans
les momens les plus cruels, il l'aida à bannir de
son cœur la mélancolie et l'abattement.

M. de Las Casas travailla dès ce moment sans relâche au développement et à l'emploi de toutes ses facultés physiques et morales. Il employa une partie de

ses loisirs à apprendre la langue du pays qu'il habitait. Il consacra le reste de son temps à communiquer au premier individu qui se rencontrait sur son chemin toute l'instruction qu'il était capable de donner et qu'on lui demandait. Il se trouva souvent dans la nécessité d'apprendre lui-même la veille ce qu'il avait à enseigner le lendemain. « Je suis, disait-il en riant, un précepteur qui m'instruis moi-même aux frais et aux dépens de mes élèves. »

La première période de cette carrière nouvelle fut un temps d'épreuves rigoureuses et pénibles ; sa durée fut assez longue ; il serait difficile d'en tracer un tableau fidèle. Peut-être ne verrait-on pas sans étonnement et sans quelque émotion, jusqu'à quel point une certaine délicatesse de sentimens, et la fierté de l'âme purent rétrécir le cercle des besoins corporels, et faire supporter de pénibles privations. D'un autre côté, on trouverait matière suffisante au rire et à la moquerie, dans cette foule d'anecdotes singulières, dans ces quiproquo ridicules et dans ces contrastes marqués que le déguisement et la situation critique de M. de Las Casas faisaient naître fréquemment. Il se voyait forcé de jouer des rôles bien opposés : tantôt il prenait celui d'un homme poli, élégant, à grandes manières ; tantôt celui d'un homme de la lie du peuple ; il apparaissait souvent à peu d'heures d'intervalle, tantôt dans les salons dorés de l'opulence, et tantôt dans les caveaux et souterrains où régnaient la plus profonde misère. Il dînait quelquefois à côté du

journalier, dans la plus mésquine auberge, et prenait place le soir au banquet splendide des grands.
Cette existence aurait souvent fourni de bonnes
scènes au théâtre, ou de belles pages à quelque
roman; et, en effet, l'imagination comme le caractère de M. de Las Casas, étaient assez empreints
d'une teinte romanesque.

Comme cependant le courage, une éducation
soignée, des manières aimables et des talens distingués manquent rarement de tirer de la foule l'homme
qui possède ces avantages, Las Casas parvint bientôt à se faire des amis, et avec leur appui à amé-
liorer sa situation. Il s'ouvrit même de temps à
autre, devant lui, des perspectives brillantes. Un
jour, on lui offrit de prendre la direction d'immenses propriétés à la Jamaïque. Il aurait pu dans un
emploi honorable acquérir, au bout de quatre ou
cinq années, assez de fortune pour être à l'abri du
besoin pendant le reste de ses jours. On fit aussi des
efforts pour lui obtenir une place lucrative dans
l'Inde, où il aurait encore, en peu de temps, pu s'assurer une existence indépendante. Mais il rejeta
constamment toutes les propositions de cette nature, qui ne présentèrent jamais à son imagination
que l'image d'un bannissement encore aggravé.
Des richesses offertes en des contrées éloignées, lui
parurent moins précieuses que le voisinage de sa
patrie; et une pauvreté qu'accompagnait toujours
l'espérance, lui parut préférable à tous les trésors de
l'Orient.

Las Casas fut cependant par deux fois arraché à ses occupations ordinaires, et en deux circonstances importantes. Il n'était point encore guéri de ses erreurs ou visions politiques. La première fut une entreprise infructueuse dans la Vendée ; la seconde l'horrible boucherie de Quiberon, à laquelle il n'échappa que par une espèce de miracle. Mais, dès-lors, il crut avoir acquitté sa dette envers la cause qu'il avait défendue jusques-là ; il la regardait d'ailleurs comme définitivement perdue ; et, de ce moment, il résolut de se dévouer uniquement à ses affaires particulières. Ce fut alors qu'il conçut l'heureuse idée de son *Atlas historique* ; et quoiqu'il n'en livrât d'abord à la presse qu'une esquisse, cette entreprise fut couronnée du plus heureux succès. Elle lui procura la jouissance d'une petite propriété, d'un cercle d'amis estimables, et de connaissances dont l'intimité était pleine d'agrémens. Il aurait passé sa vie d'une manière douce et heureuse, s'il avait pu être heureux loin de sa patrie, séparé de sa famille et de ses premiers amis.

Huit à dix ans se passèrent ainsi dans l'étranger, lorsque au sein de la France apparut un brillant météore, qui la couvrit de sa renommée et de son génie. Un bras puissant changea tout à coup l'ordre des choses. La révolution française cessa d'être un sujet de terreur pour l'Europe civilisée. Les grandes vérités consacrées par cette révolution restèrent seules et se montrèrent plus belles, plus lumineuses en sortant purifiées du chaos de l'anarchie. Elles forcèrent les Rois au respect, et comblèrent les vœux des peuples. Une vie, une organisation nouvelle anima tout et réchauffa le sol de la France. Les émigrés furent solennellement rappelés. « *Il n'y a plus de partis, plus d'ordres privilégiés, il n'y a plus que des Français.* » Tel était le langage du gouvernement nouveau. Las Casas profita sur le champ de ces heureuses dispositions, son exil fut terminé ; il se hâta de se rendre à Paris. Son émigration lui avait coûté ses propriétés. Il fit le serment de renoncer à toutes prétentions sur elles, c'était la condition de son retour ; mais il se retrouva enfin sur le sol natal, il respira de nouveau l'air de sa patrie. Un tel bonheur sera toujours pour de nobles âmes l'équivalent de grands trésors.

Après dix années d'absence, il revint ; mais il était devenu un homme tout nouveau. Il rapportait avec lui des idées, des vues, des connaissances et une industrie particulière. La situation dans laquelle il se trouva alors, les principes qu'il s'était faits le tinrent pendant quelque temps éloigné de tous les emplois publics, car il désirait ne rien devoir qu'à lui-même. Il se dévoua avec zèle aux travaux littéraires et scientifiques ; il donna plus d'étendue et une forme nouvelle à son *Atlas historique*, dont il avait déjà livré au public quelques esquisses et les idées principales en anglais. Cet ouvrage, dès sa première apparition, eut un succès extraordinaire. Il était conçu et calculé pour l'utilité de tous les lecteurs en général ; pour les enfans comme pour les

grandes personnes ; pour les maîtres et pour les élèves; pour l'homme du monde et pour le savant;
pour les écoles et pour les bibliothèques. Pendant
six à sept ans, le compte de Las Casas passa encore son
temps dans le calme et la douceur d'une vie tranquille et uniforme. On l'entendit souvent dire à ses
amis que, pendant cette courte époque, il avait jouit
d'une existence douce et heureuse, sans aucun al-
liage de mal. Honoré, chéri, estimé de personnes dis-
tinguées par leur propre mérite; de plus, indépen-
dant, satisfait de sa condition privée, ses jours
s'écoulaient rapidement et sans trouble.

Mais pendant ce temps-là chaque jour ajoutait
en France aux merveilles de la veille. Au-dehors,
les victoires d'Austerlitz, d'Iéna, de Friedland, la
paix de Tilsit, et la prépondérance acquise en Europe.
Au-dedans, une administration régulière, ferme, le
spectacle satisfaisant de l'ordre établi partout, et
d'une prospérité générale sans exemple. Jamais rien
de pareil ne s'était encore vu en France. Le trône
était relevé, les institutions nouvelles étaient conformes à l'esprit du siècle, les partis étaient heu-
reusement fondus ensemble, toutes les opinions se
rapprochaient; on pouvait alors se sentir fier d'être
Français. Et quel homme ayant dans le cœur le
germe de ce qui est noble, de ce qui est grand, aurait
pu rester froid et étranger aux évènemens remarquables qui se passaient alors sous ses yeux, et auxquels il était donné à tout individu de prendre part?
L'esprit fier et exalté de Las Casas était plus puis-

samment affecté que tout autre , par tout ce qu'il
voyait. Une haute admiration pour le chef du gouvernement, qui portait à un tel degré d'élévation et
de splendeur les destinées de la France , remplissait
son cœur ; mais la carrière qu'il avait jadis par-
courue rendait un rapprochement plus intime
assez difficile, quand tout à coup une circonstance
favorable se présenta d'elle-même , au moment où
on s'y attendait le moins.

Le chef de la nation française déclare publique-
ment qu'il regarderait dorénavant comme de mauvais Français tous ceux qui ne se joindraient pas à
lui. Las Casas alors vola vers Napoléon , se donna
tout entier à lui ouvertement , honnêtement , sans
réserve , de bon cœur et avec un sentiment d'orgueil. « J'ai fidèlement , dit-il , tenu la foi promise
en ma jeunesse, et observé les sermens que j'ai faits
à l'ancienne dynastie. Elle n'existe plus. Nous com-
mençons une nouvelle ère avec un nouveau Hu-
gues Capet. Un si grand , un si beau spectacle, de
si justes droits ne s'offrirent point aux regards de
nos ancêtres , ils frappent maintenant nos yeux.
Un héros nouveau a élevé jusques au ciel la gloire
de notre patrie. Il est le choix du peuple, le souverain que les nations ont reconnu, que toutes les
autorités temporelles et spirituelles ont consacré. »

Le caractère du comte de Las Casas ne compor-
tait pas un demi-abandon. Souvent il gémissait en
secret sur le malheur de ne pouvoir payer aux
hauts faits qui illustraient sa patrie , qu'un stérile

tribut d'admiration. Il désirait ardemment y
prendre une part plus active. L'occasion s'en présenta enfin. La masse de l'armée française était au
loin dans l'étranger; Napoléon, à sa tête, se trouvait
alors dans la capitale de la monarchie autrichienne.
Profitant de cet état des choses, les Anglais attaquè-
rent Flessingue et se montrèrent aux portes d'An-
vers. La France donna alors l'exemple d'un bien
noble dévouement. De nombreuses réunions de
citoyens se portèrent en avant, s'offrirent comme
volontaires et volèrent aux frontières attaquées.
Parmi eux se trouva le comte de Las Casas. Renonçant de nouveau à la condition privée et à toutes les
douceurs de la vie domestique, abandonnant sa
femme, alors atteinte d'une maladie dangereuse, il
se hâta d'aller à la rencontre de l'ennemi. Il obtint
une place dans l'état-major du prince de Ponte-
Corvo, maintenant le roi Charles-Jean de Suède,
fut ensuite attaché à celui du duc d'Istrie et du duc
de Reggio, qui succédèrent au commandement.
Chaque jour devint pour lui un jour d'activité et
de travail extraordinaire : « J'ai à réparer, disait-il,
la perte de beaucoup de temps; j'ai bien des choses à
apprendre, et il me reste peu de jours à y consacrer.» En s'embarquant sur l'Escaut, sa barque fut
deux fois renversée, et il manqua de périr dans le
naufrage; il fut un des premiers qui entrèrent à
Flessingue, que les Anglais abandonnèrent bientôt,
lorsqu'ils se virent vigoureusement attaqués. Il
reçut, peu après, le décret qui le nomma chambel-

lan, vers l'époque du mariage de Napoléon avec
l'archiduchesse Marie-Louise.

Las Casas quitta alors les champs de bataille pour
se rendre à la cour. Il y porta ce zèle ardent, cette
bienveillance affectueuse, cette sincérité d'âme, et
cette franchise qui forment les traits marquans de
son caractère. Sur ce terrain glissant, il osa un jour
parler avec chaleur des avantages de la constitution
anglaise, et de l'excellence de la législation britannique, sujets assez difficiles à traiter en pareil lieu.

Un courtisan ne manque pas d'observer malicieu-
sement : « Le comte de Las Casas est un admirateur
passionné des Anglais. — Oui, Monsieur, réplique
Las Casas avec vivacité, je prends la défense des
Anglais ici dans le palais du prince ; mais quand ils
apparaissent sur nos frontières, je vole à leur rencontre pour les combattre. Si chacun en agissait
ainsi, les deux nations vivraient peut-être maintenant unies et en bonne intelligence l'une avec
l'autre. »

Une place à la cour, selon la manière de voir du
Comte de Las Casas, n'était pas ce qu'il y avait de plus
satisfaisant pour lui, et le métier de courtisan lui serait enfin devenu tout-à-fait insupportable, s'il n'y
avoit pu joindre une occupation plus utile à l'état.
Ces sentimens étaient conformes à ceux de Napoléon, qui désirait aussi voir des places à la cour et
des fonctions administratives exercées par les mêmes personnes. Las Casas sollicita et obtint immédiatement une place de maître des requêtes atta-

ché au conseil-d'état, section de la marine, département auquel il avait consacré toute sa jeunesse.

Peu de jours après cette nomination, l'Empereur, de son propre mouvement, fit choix de Las Casas pour une mission importante et confidentielle. La Hollande était alors réunie à la France. Le comte eut la commission d'inspectèr et de prendre possession de tous les objets utiles à la marine et aux constructions navales. L'Empereur fit encore choix de lui pour un autre emploi non moins important; il s'agissait de la liquidation des dettes publiques des provinces Illyriennes. Quand le ministre, à ce sujet, fit au monarque l'objection qu'il nommait à cet emploi difficile un homme étranger jusqu'ici au département des finances, Napoléon répondit: « J'ai la main heureuse, ceux sur qui je la pose sont propres à toutes sortes d'emplois. »

Las Casas justifia cette confiance. Les provinces Illyriennes étaient déjà depuis trois ans réunies à la France, et cependant les créanciers et les pensionnaires de l'état languissaient dans la misère. Leurs intérêts avaient souvent été débattus, et la liquidation entamée, mais sans résultat pour ces individus malheureux. Grâces aux soins et à l'activité du nouveau liquidateur, au bout de six mois les pensionnaires étaient payés, et en cinq mois et demi de temps, une masse considérable de créances et de prétentions *pro et contra*, se trouvaient aussi liquidées, le tout de bon gré et à la satisfaction mutuelle des créanciers et du trésor public.

A son retour à Paris, l'empereur, de son propre mouvement, le chargea encore de visitèr tous les départemens de la moitié de l'empire, d'inspecter les établissemens publics, les prisons, les hôpitaux, les fondations pieuses et les dépôts de mendicité, etc. Il avait aussi ordre de prendre, pendant cette tournée, des informations précises sur tous les objets relatifs à la marine, sur les ports et stations navales, depuis Toulon jusqu'à Amsterdam.

Cette mission ne fut terminée que vers l'époque du retour de Napoléon de Moscou. La malheureuse campagne de Leipsick eut lieu ensuite, et bientôt les ennemis pénétrèrent en France. Las Casas, d'abord commandant en second de la dixième légion de la garde nationale de Paris, se vit bientôt, par l'absence du chef, à la tête de ce corps. Son honnêteté, son zèle ardent, son dévouement sincère à la cause nationale, contribuèrent à développer et à raffermir l'excellent esprit qui ne cessa d'animer cette légion. Quand l'ennemi parut sous les murs de la capitale, la plus grande partie de la dixième légion sortit volontairement pour aller à sa rencontre, et nombre de citoyens périrent au champ d'honneur. Comme membre du conseil - d'état, le comte de Las Casas fut appelé à se rendre aux bords de la Loire; mais il se détermina à rester à son poste militaire. Dès qu'il apprit cependant qu'une capitulation venait d'être signée, il remit le commandement à celui qui le suivait en grade,

avec une déclaration par écrit, portant que, puis-
que la légion qu'il commandait ne se trouvait plus
exposée à aucun danger , il la quittait pour se vouer
à l'accomplissement d'autres devoirs.

Les alliés firent leur entrée à Paris , le sénat
prononça la déchéance de l'ancien gouvernement,
l'empereur envoya son abdication , et bientôt
apparut de nouveau LE ROI. La position de M. de
Las Casas devint alors beaucoup plus extraordinaire et plus critique qu'elle ne l'était avant
ou après le retour de son exil. La cause pour laquelle il avait sacrifié sa jeunesse et son patri-
moine était maintenant triomphante. Ces princes, jadis objets de sa vénération , auxquels il
avait voué, dès son enfance, une espèce de culte,
étaient rentrés.

Las Casas pouvait-il se promettre des avantages
particuliers de ce nouvel ordre de choses ? Il le
pouvait sans doute. Nuls droits n'étaient plus clairs
que les siens , nulles prétentions plus légitimes.
Sa conduite avait été telle, pendant le gouvernement impérial , que tous ses anciens amis se
pressèrent autour de lui ; des offres de services
lui furent faites de toutes parts. « Je prendrai
» certainement la détermination de me produire,
» leur disait-il; mon devoir m'en fait la loi, mais
» une telle agitation règne encore dans mon es-
» prit, j'ai été si fortement ému par tout ce qui
» vient de se passer, que j'ai besoin de quelques
» jours de recueillement. » Il épanchait ainsi

sa douleur dans le sein d'amis plus intimes :
« Ces princes, s'écriait-il, qui depuis mon ber-
» ceau ont été les objets de mon amour et de
» mon fidèle attachement, pour qui j'ai formé
» tant de vœux , dont je n'ai jamais prononcé
» les noms sans les accompagner de ces témoi-
» gnages de respect auxquels ils avaient droit,
» comme mes anciens chefs, et encore plus par
» leurs infortunes ; ces princes sont revenus,
» mais ils n'occupent plus, je l'avoue, la même
» place dans mon cœur, car ils sont rentrés dans
» ma patrie, par la brèche faite à l'honneur na-
» tional. »

Dans sa nouvelle et difficile position, Las Casas
montra toujours cet amour de la patrie qu'éprouvaient les anciens, et cette franchise, cette honnêteté qui illustrèrent les beaux jours de la cheva-
lerie. Son cœur était opprimé par l'humiliation de
son pays; il était révolté d'entendre des discours qui,
de toutes parts , venaient blesser ses oreilles :
« Aimer et servir le Roi, disait-il, lui rester fidèle,
» sont, sans doute, des obligations imposées par le
» nouvel ordre de choses; mais désavouer celui
» qui l'a précédé au timon de l'état, c'est trahir la
» cause de la nation ; c'est exposer la France , non
» seulement au déshonneur, mais de plus à des
» dangers réels. Que l'on considère donc que les in-
» jures prodiguées à l'homme que nous avons
» perdu, qu'un abandon fatal de tout intérêt pour
» cet homme, accumulent sur sa seule tête toute

» la gloire et la renommée de ces derniers temps,
» en chargeant les nôtres de tout ce que le passé a
» eu de honte et de disgrâce. »

Las Casas ne tarda pas à avouer hautement ces
principes. Depuis le jour de l'entrée des alliés en
France, jusqu'au moment où toutes les autorités et
une foule d'individus s'empressèrent d'offrir leurs
actes d'adhésion à la déchéance, si illégalement pro-
noncée par le sénat, le comte refusa constamment
dans le conseil-d'état de donner sa signature. « Com-
» ment, demandait-il, pouvez-vous, vous, conseil-
» lers d'état, adopter une pareille mesure ? Com-
» ment pouvez-vous consentir à un acte qui sera
» sans doute rejeté par le nouveau souverain ? Le
» souverain peut-il accorder au sénat le droit de
» disposer ainsi de la couronne, de la donner et de
» la reprendre ? Et, indépendamment de toute autre
» considération, n'avons-nous pas été les fidèles ser-
» viteurs du monarque qui a été précipité de son
» trône ? Dans notre position, peut-il nous être per-
» mis d'exprimer une opinion pareille ? Un seul
» sentiment devrait nous animer; et si le prince
» qui arrive entend bien ses intérêts, vous ne sau-
» riez mieux vous recommander à lui que par
» votre fidélité envers son prédécesseur. »

Peu de jours après la restauration de l'ancienne
dynastie, le *Journal des Débats* publia une liste
des noms de plusieurs gentilshommes, qui, selon
ce journal, s'étaient assemblés sur la place de
Louis xv, la veille de l'entrée des alliés à Paris, et

qui y avaient exprimé hautement leur désir pour
le retour du roi, et le rétablissement de sa famille.
Le nom du comte de Las Casas se trouvait sur cette
liste. Il se plaignit ouvertement de cette erreur
commise à son égard, et envoya de suite une récla-
mation au Journal ; mais les rédacteurs lui en refusèrent l'insertion. « Il m'était impossible, disait-il
» dans cet article, de commettre un acte pareil.
» En ce même moment , j'étais à la tête de la
» dixième légion de la garde nationale ; des dra-
» peaux de couleurs bien opposées à celles du Roi
» m'étaient confiés ; j'étais lié par des sermens que
» j'avais volontairement prononcés. Comment au-
» rais-je pu les violer ; moi qui, pendant toute ma
» vie , ai toujours regardé l'inviolable fidélité
» comme le premier des devoirs ! »

Pendant que le Roi et les princes étaient occupés
de la formation de leurs maisons, et de la nomination des officiers qu'ils voulaient y placer, plusieurs anciens *gardes-du-corps* de la province de Las
Casas vinrent se plaindre à lui, disant qu'ils étaient
repoussés par leurs anciens camarades, qui leur re-
prochaient de n'avoir point émigré. Ils suppliaient
le comte de leur donner des certificats prouvant
que la pauvreté seule les avait empêchés d'aller à
Coblentz. Tous étaient bien convaincus que Las
Casas était devenu un des plus ardens royalis-
tes, et ils furent saisis d'étonnement quand il leur
dit : « Epargnez-vous, mes amis, cette justification.
» Faites-vous bien plutôt gloire de n'avoir poin

» abandonné votre pays ! Le plus grand des crimes
» est de quitter sa patrie avec des projets hostiles
» contre elle ; ce fut un des torts de ma jeunesse, et
» je m'en repens tous les jours de ma vie. Je fus en-
» traîné à cette démarche, il est vrai, par des opi-
» nions fausses, sans doute ; mais pures et honnêtes ;
» et personne n'a, excepté moi-même, le droit de
» me la reprocher. Je ne vous aurais pas tenu ce
» langage il y a quelques semaines, lorsque le gou-
» vernement impérial existait encore, il aurait dans
» ma bouche pu vous paraître suspect ; mais main-
» tenant que l'acte en question (l'émigration)
» donne des droits aux récompenses, je me plais à
» vous faire cet aveu, et il soulage mon cœur. »

Les flots de soldats étrangers qui inondaient
Paris et la France, la domination des alliés dans ce
pays, les humiliations journalières qu'on y éprouvait, étaient pour Las Casas un spectacle déchirant
qu'il ne put pas long-temps supporter. Pour distraire
sa douleur, il entreprit un voyage en Angleterre,
mais il ne retrouva plus dans ce pays les plaisirs et
les douces jouissances qu'il y avait goûtées autrefois. Tout lui parut changé ; ce n'était cependant
qu'en lui-même qu'un grand changement s'était
opéré.

Lors de son retour à Paris, Las Casas sut bientôt
se soustraire aux yeux du public, et ne s'occupa plus
que de ses affaires particulières, il avait joui de quelques jours de repos, quand le 20 mars arriva. La
honte de la France, se disait-il alors, sera mainte-

nant effacée. Sa gloire sera plus resplendissante que
jamais, après le retour héroïque de l'homme de la
nation, et après la réception flatteuse que cette
grande nation lui a faite. Le séjour à l'île d'Elbe a
été une époque d'épreuves ; maintenant se dévelop-
pera bientôt, tout ce que ces épreuves auront produit. Le comte fut sur-le-champ nommé conseiller
d'état, et quand il remercia Napoléon de cette
nomination, celui-ci lui répondit : « On m'a dit
» tant de bien de vous, que je ne pouvais en agir
» différemment; mais il y a plus, c'est avec une sa-
» tisfaction particulière que je vous ai donné cette
» place. »

Las Casas reçut alors de toutes parts les témoignages les plus flatteurs d'affection et de bienveillance. Dans presque tous les ministères, on lui
proposa des places. Il fut d'abord question de lui
donner une mission diplomatique pour l'Angleterre;
une place de commissaire impérial dans les départemens lui fut ensuite destinée; quelque temps après,
on voulut lui donner la préfecture de Rouen ou
celle de Metz. Il fut, à la fin, nommé président d'une
commission qui, en ces temps extraordinaires, était
d'une haute importance, la commission des pétitions. Cette place difficile à remplir à une époque
aussi critique, ne pouvait tomber en de meilleures
mains. Le zèle du comte, son attachement pour
Napoléon, son amour de la justice, lui gagnèrent
bien des cœurs, et des milliers de signatures d'acte
d'adhésion furent obtenues par lui, pendant l'époque de trois mois.

Quand la terrible journée de Waterloo eut ouvert pour la France un nouvel abîme, ce fut par
le prompt retour de l'empereur à Paris, qu'on y
eut la première nouvelle de cette sanglante catastrophe. Las Casas, son chambellan, se rendit sur-le-
champ près de lui, et reprit de suite, sans en avoir
été sollicité, son service auprès de sa personne. A
combien peu tiennent quelquefois les destinées hu-
maines ! Cette démarche accidentelle décida du sort
de la vie entière de Las Casas. Sans elle, rien n'aurait pu lui donner le droit de lier le fil de sa destinée
à celle de Napoléon. Comment aurait-il pu demander à être choisi dans la foule des aspirans pour
accompagner Napoléon, pour un acte de dévouement aussi solennel ? Nulle relation intime, nuls
liens particuliers d'amitié, nulle reconnaissance personnelle ne l'auraient, sans cela, porté à abandonner femme, enfans, patrie, et à se dévouer
comme il l'a fait,

Un jour qu'à Ste-Hélène, l'empereur ayant fait
tomber la conversation sur les événemens passés,
parlait des personnes qui l'avaient accompagné,
il s'adressa tout à coup à Las Casas, et lui fit la question suivante : « Mais, vous, dites-moi donc, mon
» cher Las Casas, comment se fait-il que vous vous
» trouviez maintenant ici ? Sire, répondit le comte,
» mon étoile et l'honneur de l'émigration m'ont
» amené ici. J'y représente maintenant, auprès
» de Votre Majesté, tous ces émigrés que vous avez
» jadis comblés de vos faveurs. »

L'abdication de Napoléon suivit de près son retour à Paris, et, dès ce moment, sa pensée se porta
nécessairement sur les moyens de quitter la France.
Las Casas prit aussi alors la résolution de ne plus se
séparer de sa personne. Dans ces jours d'adversité,
sa place lui parut un poste d'honneur, un emploi
sacré. Plein de son projet, il profita d'un moment
où son service lui procura un entretien particulier
avec Napoléon, à la Malmaison, et lui fit sa demande, le suppliant de lui permettre d'attacher à
jamais sa destinée à la sienne. A cette proposition,
vraiment inattendue, l'empereur, le toisant de la
tête aux pieds, et avec des regards où se peignait
l'étonnement, mais d'une voix douce, lui adressa
tranquillement ce peu de paroles : « Savez-vous où
» cela pourra vous mener ? — Je n'ai à cet égard,
» répliqua le comte, fait aucun calcul ; mais le plus
» ardent de mes désirs sera satisfait si vous m'ac-
» cordez ma demande. — Bien, bien, » fut la réponse de l'empereur, et il ne lui en dit pas davantage en ce moment. Las Casas vole à Paris pour
se pourvoir de linge, pour embrasser ses petits
enfans, pour dire adieu à une tendre épouse en
pleurs, pour chercher son fils aîné qui était au
lycée, et, dès le lendemain, il se trouvait déjà sur
la route de Rochefort.

On sait que Napoléon, au moment où il était près
d'entrer en voiture, fit encore dire au gouvernement
provisoire : « Que lorsqu'il avait abdiqué le pou-
» voir, il n'avait point renoncé en même temps

» au plus noble droit de citoyen, au droit de dé-
» fendre sa patrie; que la vraie situation des affaires
» lui était parfaitement connue; que s'il en était
» requis, il était certain de battre encore l'ennemi,
» et cela de manière à donner un tout autre cours
» aux négociations qu'une victoire faciliterait;
» mais que, dans tous les cas, et même après la vic-
» toire, il n'en était pas moins résolu à poursuivre
» sa route sans délai. » Cette dernière offre fut encore rejetée, et Napoléon, avec sa suite, gagna Rochefort sans accident. Il n'avait aucune escorte, partout le peuple se pressait sur son passage, et faisait retentir l'air de ses acclamations. On voyait
sur tous les visages l'anxieuse appréhension de l'a-
venir, et le désir de retenir celui qu'on allait perdre.
En arrivant au port, on vit que la croisière anglaise
rendait le départ ou l'embarquement impossible ;
et cependant un plus long séjour de Napoléon dans
le pays aurait rendu la guerre civile inévitable. Les
généraux se rendirent en personne auprès de lui,
et le sollicitèrent vivement de se mettre encore à
leur tête; mais sa détermination était prise irrévocablement : « La guerre civile, leur dit-il, serait main-
» tenant sans objet pour la France. Elle ne pourrait
« être de quelque utilité qu'à moi seul; mais jamais je
» ne penserai à acheter quelque avantage personnel
» au prix de tant de sang. Je n'en demande plus, et
» vous, Messieurs, conservez-vous pour une meil-
» leure cause. »

Au milieu des difficultés sans nombre, de ces

circonstances extraordinaires, Las Casas, accompagné par les généraux Savary et Lallemant, fut envoyé par deux fois à bord d'un des vaisseaux anglais qui étaient en croisière devant le port. Le commandant n'avait point reçu les papiers nécessaires pour le transport de Napoléon aux États-Unis d'Amérique ; mais, au contraire, il avait eu ordre d'enlever aux députés leurs passeports, et même de ne plus respecter aucun pavillon parlementaire ou autre. Cependant l'officier anglais dit qu'il était autorisé à recevoir Napoléon à son bord avec sa suite, et à le conduire en Angleterre, si cela pouvait lui convenir. Napoléon n'hésita point un instant ; il accepta cette offre hospitalière qui, le plaçant à ce qu'il croyait, sous l'empire des lois positives, remplissait le but qu'il s'était proposé d'atteindre, en allant en Amérique. Il écrivit alors sa mémorable lettre au Prince-Régent d'Angleterre, et se rendit à bord du *Bellérophon*. Le reste est connu.

Le burin de l'histoire tracera sans doute un jour avec toute l'énergie digne du sujet, la magnanimité que montra Bonaparte en cette occasion, ainsi que l'honnêteté et la bonne foi du ministère anglais. L'histoire dira aussi de quelle gloire cette conduite des ministres priva à jamais l'Angleterre, et quel triomphe éclatant ils refusèrent à la législation de leur pays. Ils firent saisir leur illustre victime, la firent transporter du *Bellérophon* sur le *Northumberland*, fouillèrent tous ses effets, lui enlevèrent le peu d'argent qu'ils trouvèrent en sa possession,

désarmèrent sa suite, et réduisirent ceux à qui il
fut permis de l'accompagner au nombre de quatre.
Las Casas fut un de ces quatre élus. Un grand
nombre de personnes avaient jusque-là suivi
l'empereur; le moment de la séparation offrit une
scène aussi solennelle que déchirante. Lorsque Napoléon sortit de sa cabine, et parut sur le pont du
vaisseau qu'il allait quitter, il fut environné d'une
foule de serviteurs fidèles qu'on forçait de se séparer de lui. Ils embrassaient ses genoux et fondaient
en larmes. Ceux-là seuls à qui le bonheur d'accompagner leur maître était accordé, avaient une con-
tenance où se montrait quelque satisfaction. Aussi
Las Casas, s'adressant à lord Keith, amiral commandant alors la flotte du Canal, lui en fit-il l'observation : « Vous voyez, mylord, lui dit-il, il n'y a
» que ceux qui sont restés en arrière qui pleurent. »

M. de Las Casas a tracé un récit fidèle de tous
ces événemens. La modération et la prudence qui
ont présidé à cette rédaction, le rang que tenait
son auteur, la part personnelle qu'il a prise aux événemens qu'il raconte, font de cet ouvrage un des
documens historiques les plus importans.

Ce voyage de Napoléon, cette traversée d'Europe
à Ste-Hélène, offrit pendant plus de deux mois, un
spectacle unique en son genre, et put en même
temps fournir à l'observateur qui médite sur la nature humaine et sur la destinée des mortels, d'importans sujets de réflexion.

Napoléon était passé, sans aucune gradation, d'un

trône à une prison. Il se trouvait jeté au milieu
d'ennemis exaspérés par vingt années de haine,
de terreur, de défaites, et qui, de plus, étaient en
ce moment aveuglés et irrités au dernier point
par les pamphlets du jour et les libelles diffa-
matoires qu'on avait industrieusement fait circuler
parmi eux. Chaque individu, à bord *Northumberland*, s'attendait à voir dans la personne qu'on
allait recevoir sur ce vaisseau, un être tenant plus
de la bête féroce que de l'homme. Et quel fut leur
étonnement à tous, quand ils eurent enfin l'occasion de voir et de juger par eux-mêmes leur illustre
captif. Tous ces Anglais ne trouvaient plus assez de
paroles pour exprimer ce qu'ils éprouvaient, pour
rendre justice à ses mœurs douces et faciles, au
charme de sa conversation, à la grâce, à l'enjoue-
ment même de ses manières, et à l'imperturbable
calme et sérénité de son caractère. Bientôt il devint
aussi pour eux *le grand homme*. Les Anglais ne
purent pas non plus s'empêcher de marquer un
intérêt particulier aux quatre Français, distingués
par leur fortune et leur rang, qui s'étaient dévoués
volontairement, avec joie même, et qui semblaient lutter entre eux à qui rendrait le plus de
soins, et montrerait le plus d'affection à leur chef,
tombé dans l'infortune. Il est de fait, que pendant
ce voyage, parmi tous ces ennemis, d'abord si irrités et si exaltés, il ne s'en trouva bientôt pas un
seul, qui n'exprimât de toutes manières pour Napoléon, de la compassion, du respect et même de
l'attachement.

Des quatre fidèles serviteurs qui accompagnaient l'Empereur, Las Casas était, sans doute, celui qui avait jusqu'alors été le moins connu de lui. On pourrait même dire qu'il lui était toujours resté presque étranger. Mais en peu d'instans, des circonstances favorables, le mirent au même rang que les amis les plus intimes, et il était peut-être, de tous, celui qui pouvait rendre les plus grands services.

Il avait vécu long-temps en Angleterre; il pouvait par conséquent donner des détails sur les usages et les lois de ce pays; il pouvait de plus, servir d'interprète.

Il avait long-temps servi dans la marine, et pouvait répondre à toutes les questions qui avaient rapport au vaisseau, à la mer, aux vents, et à la route qu'ils poursuivaient.

Il avait toujours vécu dans la bonne compagnie à Paris, et avait eu accès chez les hommes les plus distingués.

Il avait composé *l'Atlas historique*, et il était en état de donner son avis, de décider sur bien des points de l'histoire, et d'assigner les dates et les époques.

Il avait été membre du conseil-d'état; les diverses branches de l'administration lui étaient connues, et il était accoutumé au travail, écrivait et rédigeait avec facilité.

Il avait enfin été élevé à l'école militaire de Paris, quelques années, il est vrai, avant que Na-

poléon y fût placé lui-même; mais il avait étudié
sous les mêmes maîtres, vécu dans le même cercle
d'élèves. Les temps, les objets, les souvenirs
étaient à peu près les mêmes, et l'on connaît assez
le charme, le pouvoir et l'influence de pareilles
réminiscences.

Dès le moment donc que Las Casas entra dans
le vaisseau, il jouit ournellement de la conversation particulière de l'Empereur. Cette intimité augmenta tous les jours; et pendant la traversée même, Napoléon commença déjà à lui
dicter de mémoire, l'histoire de ses campagnes
d'Italie.

En arrivant à Ste-Hélène, le comte obtint encore l'avantage inappréciable de vivre pendant
deux mois sous le même toit que Napoléon, et de
passer une grande partie de la journée dans la même
chambre que lui, car l'espace limité de la maison
éloignée qui fut d'abord assignée pour la demeure
de Napoléon, ne permettait pas d'admettre un plus
grand nombre d'hôtes.

Quand la résidence de l'Empereur fut changée
et qu'on la fixa à Longwood, sa confiance en Las
Casas avait pris de fortes racines, et sa société était
devenue un besoin et une habitude. Les leçons ré-
gulières de langue anglaise, de fréquentes promenades solitaires, bien des nuits passées au chevet du
lit de Napoléon, toute cette manière de vivre enfin,
avait établi cette confiance sur les bases les plus so-
lides, et l'avait rendue réciproque. On peut dire avec

vérité, que nulle personne en ce monde, pas même celles liées par le sang et par les plus anciennes relations, n'ont eu l'occasion de connaître et d'apprécier aussi bien l'Empereur que Las Casas, qui, pendant dix-huit mois l'a constamment vu et observé de si près, dans tous les détails de sa vie privée. Ce fut non-seulement du consentement de l'Empereur, mais à sa grande satisfaction, que ce serviteur fidèle entreprit un journal régulier, et lui présenta chaque soir une feuille contenant un rapport détaillé de tout ce qui s'était passé, de ce qu'il avait vu, et de ce qui lui avait été confié dans la journée.

Les services que le comte rendit à Napoléon, les soins qu'il lui prodiguait, les écrits et mémoires dont on savait qu'il était occupé, le ton hardi et élevé avec lequel il s'exprimait dans ses lettres envoyées en Angleterre, sur les traitemens indignes qu'on éprouvait à Ste-Hélène, tous ces faits isolés ou réunis servirent bientôt de motifs à une inquisition sévère, à des menaces personnelles, et à des persécutions immédiates de la part du gouverneur.

Sir Hudson Lowe lui fit dire que, s'il continuait d'écrire sur le même ton en Angleterre, il l'éloignerait de Napoléon, et le ferait transporter au cap de Bonne-Espérance. Peu après, sous prétexte de soupçons conçus contre un habitant de l'île, qui le servait en qualité de domestique, il lui enleva cet individu. Mais ce même homme trouva moyen, quelques jours après, de se présenter de nouveau devant Las Casas, ayant surmonté, disait-il, tous les obstacles qui rendaient l'approche de Longwood si difficile, et avec un grand air de mystère, il demanda à son ancien maître, s'il avait quelques commissions pour Londres, où il disait qu'il était sur le point d'aller. Le Comte lui confia les lettres déjà écrites, qui étaient d'abord destinees à passer par les mains du gouverneur même, mais qui, à cause de ses dernières menaces, ne lui avaient point été envoyées. A peine quelques heures s'étaient elles écoulées, que les léttres confiées à l'ancien domestique se trouvaient déjà, soit par trahison, soit par quelque accident malheureux, entre les mains du gouverneur. Celui-ci fit saisir le Comte en la présence même de l'Empereur, et le fit entraîner loin de lui. Les portes de son appartement furent enfoncées, ses effets rigoureusement visités; on prit possession de tous ses papiers, et sa personne même fut confinée sous la garde la plus sévère.

Les feuilles publiques de presque tous les pays, ont rendu compte de cet événement, et ont donné des récits plus ou moins détaillés de toutes les souffrances et des persécutions sans nombre dont le comte de Las Casas devint, dès cet instant, l'objet. Après son éloignement de Longwood, il fut retenu cinq semaines à Ste-Hélène dans la plus dure captivité. Traîné ensuite à cinq cents lieues de là, au cap de Bonne-Espérance, il fut encore forcé d'y rester prisonnier pendant huit mois, et cela en contradiction manifeste avec les dispositions les plus sacrées des lois anglaises. Dans un état de santé déplorable, dangereusement malade même, il fut jeté dans un petit navire de deux cent trente tonneaux, avec douze hommes d'équipage, et constamment traité en prisonnier; il fut forcé d'y endurer pendant cent jours, tous les inconvéniens d'un pareil passage.

En entrant dans la Tamise, un agent subalterne de la police, saisit tous ses papiers, refusa même d'en dresser l'inventaire avec lui, et l'envoya enfin prisonnier sur le continent. Luttant avec la mort, il fut traîné captif à travers le royaume des Pays-Bas, et quand il en quitta les frontières, il était encore incertain si ses fers seraient brisés, ou si sa captivité serait sans terme. Certes, s'il s'était rendu coupable de quelque crime, ce n'était point encore une punition suffisante de le traîner ainsi de contrée en contrée; mais si sa conduite a été irréprochable, celle qu'on a tenue envers lui, a été atroce.

Le flot britannique qui avait jeté le comte de Las Casas à une si grande distance, et qui l'avait porté pendant un si long espace de temps, éprouva enfin un reflux vers l'autre rive du Rhin. A Francfort-sur-le-Mein, les vagues irritées furent obligées de rejeter leur victime, déjà demi-morte, il est vrai, par les suites d'un emprisonnement de treize mois, d'un voyage de cent trente jours, à travers une distance de trois mille lieues de France, et pendant un temps où les infirmités du corps, les angoisses de l'âme, toutes les tortures physiques et morales enfin, auraient pu suffire à elles seules pour mettre un terme à ses souffrances. La santé du Comte ne se rétablira jamais, après le choc terrible qu'elle a éprouvé. Il a été accablé d'infirmités qui l'accompagneront jusqu'au tombeau. « La main » de mes bourreaux de Ste-Hélène et du Cap, s'é- » criait-il quelquefois dans l'amertume de sa dou- » leur et de ses souffrances, me pousse dans la » tombe long-temps avant le temps fixé par la » nature. »

Immédiatement après son arrivée à Francfort, Las Casas implora la protection de l'Autriche. « Sire, écrivit-il à l'empereur François, celui qui, » grand dans toutes les circonstances, m'écrivit » du rocher de misère sur lequel il languit lui- » même, ces mémorables paroles qui ont soutenu, » élevé mon âme, *dans quelques lieux que vous al-* » *liez, vantez-vous de la fidélité que vous m'avez* » *montré;* celui-là m'a donné des droits à la bien- » veillance de tous les monarques. Sire, je me place » sous la protection de votre majesté impériale. »

Cette pétition fut immédiatement accueillie, et depuis ce temps, le comte de Las Casas a été laissé en paix.

A peine eut-il fixé sa résidence à Francfort, que les plus affectueuses, les plus tendres marques d'in- térêt lui furent prodiguées de toutes parts. On sympathisait avec ses souffrances, on lui faisait des offres de toute espèce, on voulait de toutes les ma- nières alléger ses maux. Grands et petits, de près et de loin, des compatriotes et des étrangers, toutes

4.

les âmes magnanimes enfin , cherchaient à se rapprocher d'un homme que sa propre magnanimité
et son grand caractère avaient seuls plongé dans
une pareille calamité.

Le Comte refusa toutes les visites , toutes les
offres , et se retira dans une profonde solitude où
il put se livrer entièrement à sa douleur. « Eloigné,
» détaché de tous les intérêts politiques, disait-il,
» ne rendant hommage qu'aux seuls sentimens d'un
» attachement personnel , je veux employer mes
» derniers momens en efforts tendant à faire passer
» quelques consolations sur ce funeste rocher.
» Laissez-moi remplir en paix ce devoir sacré , et
» je me regarderai comme assez heureux. Je ne de-
» mande rien de plus que d'être le mendiant de
» *Bélisaire.* »

Le héros de l'histoire, le héros du siècle, Napoléon,
immédiatement après qu'on eut arraché d'auprès
de lui , le comte de Las Casas, donna, dans un écrit
de sa propre main, au serviteur fidèle, un témoignage
qui le place au premier rang de ceux que leur inviolable fidélité et leurs vertus morales ont rendus
les ornemens de l'humanité. Les journaux des différens pays ont donné des extraits de cette lettre
mémorable , dont le contenu fait autant d'honneur
au cœur du grand homme qui la traça , qu'elle est
flatteuse pour celui à qui elle est adressée. Cette
lettre est pour Las Casas la plus belle récompense.
Nous la donnons tout entière ici (1) :

(1) Elle se trouvait déjà dans le *Vrai Libéral* du 18 mars 1818

« Mon cher Las Casas,

» Mon cœur ressent vivement ce que vous endurez; depuis quinze jours qu'on vous a arraché d'auprès de moi, on vous a mis au secret sans vous permettre de recevoir ni de donner de vos nouvelles, sans vous laisser communiquer avec qui que ce soit , Anglais ou Français , en vous privant même d'un domestique de votre choix.

» Votre conduite à Ste-Hélène a été comme votre vie , sans reproche ; j'aime à vous le répéter.

» Votre lettre à une dame de vos amies à Londres, n'a rien en elle - même de répréhensible ; vous y épanchez votre cœur dans le sein de l'amitié. Cette lettre est comme les huit ou dix autres que vous avez écrites à la même personne et que vous avez envoyées décachetées. Le commandant de cette place ayant eu la *délicatesse* de chercher à connaître les expressions que vous confiez à l'amitié , vous a fait des reproches. Dernièrement , il vous a menacé de vous renvoyer de cette île, si vos lettres contenaient encore quelque plainte contre lui ; en agissant ainsi, il a violé le premier devoir de sa place , le premier article de ses instructions , le premier sentiment de l'honneur ; il vous a dès lors autorisé à chercher les moyens de faire parvenir l'effusion de vos sentimens dans le sein de vos amis, et de leur faire connaître la conduite coupable du commandant. Mais comme vous avez été sans artifice, il a été facile d'en imposer à votre confiance.

» On ne voulait qu'un prétexte de saisir vos

papiers , car, votre lettre adressée à votre amie de Londres, ne pouvait autoriser une visite de police chez vous. Cette lettre ne contenait ni complot, ni mystère , elle ne renfermait que l'expression d'un cœur noble et plein de franchise. La conduite illégale et précipitée qu'on a tenue dans cette occasion, porte le cachet de la haine personnelle la plus basse.

» Dans les pays les moins civilisés, les exilés, les prisonniers, et même les criminels, sont sous la protection des lois et des magistrats. Les personnes commises à leur garde ont , soit dans l'ordre administratif, soit dans l'ordre judiciaire , des chefs qui les surveillent. Sur ce rocher , l'homme qui fait les réglemens les plus absurdes , les exécute avec violence, transgresse toutes les lois , et rien ne met un frein à ses déportemens.

» On enveloppe Longwood d'un mystère qu'on voudrait rendre impénétrable, afin de cacher une conduite coupable. N'est-ce pas une raison suffisante de soupçonner les intentions les plus criminelles?

» On a cherché par quelques bruits artificieusement répandus, à prévenir les officiers, les étrangers, les habitans et même les agens que l'Autriche et la Russie entretiennent dans cette île. Sans doute , on aura abusé de la même manière le gouvernement anglais, en lui faisant des rapports fallacieux.

» Vos papiers, parmi lesquels on savait qu'il s'en trouvait à moi, ont été saisis sans aucune formalité, tout près de mon appartement, et avec une joie féroce et affectée. J'en fus témoin. Quelques momens plus tard , je regardai par la fenêtre, et je vis qu'on s'emparait de vous. Une nombreuse escorte paradait autour de la maison , et il me semblait voir quelques sauvages de la mer du Sud, dansant autour des prisonniers qu'ils allaient dévorer.

» Votre société m'était bien nécessaire. Vous seul lisiez, parliez et entendiez l'anglais. Combien de nuits n'avez-vous point passées près de moi , pendant les accès de ma maladie. Cependant je vous engage, et s'il en est besoin , je vous ordonne de requérir le commandant de cette place de vous renvoyer sur le continent. Il ne peut s'y refuser , puisqu'il n'a aucun doit sur vous, que par l'acte volontaire que vous avez signé. Ce sera pour moi une grande consolation de savoir que vous êtes en chemin pour des contrées plus heureuses.

» A votre retour en Europe, si vous allez en Angleterre , ou si vous retournez dans vos foyers, perdez le souvenir de tous les maux qu'on vous a fait endurer, mais glorifiez-vous de la fidélité que vous m'avez montrée, et de la grande affection que je vous porte.

» Si vous voyez un jour ma femme et mon fils, embrassez-les. Depuis deux ans , je n'ai point entendu parler d'eux directement ni indirectement Il est venu, il y a environ six mois , dans cette ville un botaniste allemand qui les avait vus dans les jardins de Schœnbrunn , quelques mois avant son départ; les barbares ont mis tous leurs soins à l'empêcher de me donner de leurs nouvelles.

» Mon corps est au pouvoir de la haine de mes ennemis Ils n'oublient rien de ce qui peut assouvir leur vengeance. L'insalubrité de ce climat dévorant, le manque de chaque chose nécessaire à la vie, mettront bientôt, je le sens, fin à cette existence, dont les derniers momens seront un opprobre pour le caractère de la nation anglaise ; et l'Europe signalera un jour, avec horreur, cet homme perfide et cruel, que tout véritable Anglais désavouera pour un enfant d'Albion.

» Comme il n'y a point de raison de croire qu'on vous permette de me voir, avant votre départ, recevez mes embrassemens et l'assurance de mon estime et de mon amitié. Soyez heureux.

NAPOLÉON.

Ce 11 décembre 1816.

Nous terminons ici cette esquisse biographique. Elle renferme, en un cercle étroit, des contrastes et des vicissitudes de fortune remarquables ; elle trace le tableau d'une vie agitée, pendant laquelle la constance et les mâles vertus ont souvent été mises à de rudes épreuves. Las Casas entra dans le monde environné de tous les prestiges de la richesse et de la grandeur. Il fut bientôt rejeté dans la foule, et plongé dans un abîme de maux et de misère. Par son courage, sa diligence et ses travaux, il sut se tirer de cette cruelle position. Il échangea bientôt les douceurs et les charmes d'une vie privée contre les soins, les soucis, le trouble et les inquiétudes qui accompagnent les fonctions publiques

Parvenu cependant presqu'au faite des félicités hu-
maines, il fut enfin de nouveau précipité dans un
abîme de malheurs, dont l'imagination de l'homme
peut à peine, sans effroi, se tracer à elle-même
le tableau. Il a traversé cette longue carrière d'infortunes et de vicissitudes, d'une manière louable
et sans reproches. On lui a souvent entendu dire
qu'il ne se repentait d'aucune action de sa vie. Il
aurait pu quelquefois, ajoutait-il, tirer meilleur
parti des circonstances pour son avantage personnel; mais il affirmait avec satisfaction, et même
avec quelqu'orgueil, que rien de ce qu'il avait
fait, ne pesait sur son cœur ou sur sa conscience.

Une douceur remarquable de caractère, de
l'honnêteté, un cœur sensible, des manières agréables, et cette confiance qu'on pouvait, sans aucun risque, avoir en lui dans la société, lui procurèrent, à toutes les époques de sa vie, d'intimes et de fidèles amis, et inspirèrent à tous
ceux avec qui il avait eu des relations, soit comme
homme public, soit comme particulier, des sentimens de bienveillance, dont il obtint de fréquentes preuves.

En 1814, lorsque la catastrophe de la France
eut lieu, il reçut de la Hollande et de l'Illyrie,
où il avait été employé par l'empereur, des propositions verbales et par écrit. On le priait de
se rappeler qu'à tout événement, si les calamités de sa patrie venaient à le frapper per-

sonnellement, il trouverait dans l'étranger , un
asile assuré et de sincères amis.

La conversation du comte de Las Casas est
animée , nourrie de faits et d'instruction , variée
et agréable ; mais il lui est impossible, dans une société nombreuse , de soutenir une discussion régulière , de défendre , ou de plaider quelque cause
que ce soit ; une certaine timidité , le manque
de confiance en lui-même et une grande réserve
paralysaient alors tous ses moyens. Cette disposition particulière le priva , en une occasion importante , d'une des plus grandes faveurs de la
fortune , qui se trouvait à sa portée. L'occasion
était belle et facile à saisir , il ne fallait qu'é-
tendre la main. Il eut bientôt , de bonne source ,
la conviction certaine de ce fait.

Les qualités éminentes auxquelles il dut , pendant le cours de sa vie , les avantages dont souvent
il jouit , étaient, en quelque sorte , son propre
ouvrage , sa propre création. Il s'était occupé constamment à former et à perfectionner son caractère
moral , à aiguiser son jugement par l'investigation
exacte , la dissection , pour ainsi dire , des questions les plus difficiles ; à se défaire des préjugés
par la réflexion et la recherche constante de la
vérité ; mais surtout à tenir son imagination sans
cesse occupée et tendue , la dirigeant vers les objets utiles et élevés. Une âme généreuse , un
cœur brûlant , un amour pour le beau et le bon ,
porté jusqu'à l'enthousiasme.

Mais le magnanime dévouement de Las Casas
pour Napoléon, surpasse cependant toutes ses
autres actions, et ce sera ce dévouement, sans
doute, qui transmettra sa mémoire à la postérité. Tous les partis sont ici d'accord ; il n'existe
qu'une opinion qui déclare la conduite de
Las Casas héroïque et sublime, et qui le proclame le martyr de l'attachement et le héros de
la fidélité. Pendant son emprisonnement en pays
ennemi, au cap de Bonne-Espérance, il y trouva,
un jour sur sa table, une pièce de vers, ano-
nyme, dont la rime trahit, sans doute, une origine étrangère, mais dont les sentimens sont,
à n'en point douter, en harmonie avec ceux de
tout homme de bien. Voici ces vers :

> Digne héritier des vertus de ton nom,
> De Las Casas imitateur fidèle,
> Lui, d'un peuple opprimé fut l'ardent champion,
> Toi, d'un nouveau Richard te montres le Blondèle.

Outre les qualités dont on vient de faire mention, Las Casas est encore distingué par un grand
désintéressement, et par une absence totale d'é-
goïsme et d'amour personnel. Aussi a-t-il une confiance aveugle dans la sincérité et dans la droiture
d'autrui : on lui reprochait quelquefois, à Longwood, d'être imprévoyant et crédule comme un
enfant.

Le comte a plusieurs enfans. Sa femme des-
cend de la famille *Kergariou*, l'une des plus illustres de la Bretagne, et célèbre dans l'histoire

de France. Quand la nouvelle de la cruelle déportation sur le rocher de Ste-Hélène, lui parvint, ni l'immense éloignement, ni les dangers
d'une longue navigation, ni le faible état de sa
santé, ni ses petits enfans, ne purent la détourner
de l'héroïque résolution d'aller partager le sort
de son mari. Elle importunait sans cesse le gouvernement anglais, le suppliant de lui accorder
la faveur de mettre ce dessein à exécution; Le
refus que ses instantes demandes essuyèrent, fut
une faveur signalée du ciel; car elle aurait quitté
l'Europe vers le même temps où son mari était
entraîné loin de Ste-Hélène. A combien de souffrances et de maux n'a-t-elle pas ainsi échappé?

Las Casas a reçu deux présens de Napoléon
auxquels il attache le plus grand prix. L'un est
un petit étui de campagne, dont il lui fit don
aux *Briars*, au moment où ils mirent pied à
terre dans l'île de Ste-Hélène. J'en fis usage, lui
dit Napoléon, la veille de la bataille d'Austerlitz. Le second objet n'est pas moins historique;
c'est une paire d'éperons qu'il reçut à Longwood. En les donnant, Napoléon demanda à un
de ses valets de pied quand et où il s'en était servi.
— « Sire, répondit celui-ci, ce fut pendant la campagne de Dresde, et à la bataille de Champ-Aubert.
Quel haut prix n'auront point un jour de pareils
objets aux yeux de la postérité.

Las Casas a publié différens ouvrages; mémoires
sur des objets d'administration, etc ; ce sont:

1º *L'Atlas historique*, dont il a déjà été fait mention et qui fut reçu du public avec une faveur particulière ; il renferme des notions sur tous les pays, et tous les temps, sur les diverses opinions éparses dans le monde, sur les différentes classes de la société civile; cet ouvrage ferait, à lui seul, une bibliothèque entière. Il peut servir de manuel au marchand, à ceux qui instruisent la jeunesse, au savant et à l'homme du monde. Quand Napoléon vint à bord du vaisseau anglais, à son arrivée à Ste-Hélène, et en s'entretenant avec les étrangers qui passaient dans l'île, il trouva toujours que *l'Atlas historique* était généralement connu et apprécié. Il se reprocha alors à lui-même de s'être si peu mis au fait de cet ouvrage. Ce fut seulement à bord du *Northumberland* qu'il l'examina avec attention; il le parcourut ensuite fréquemment à Longwood, et il ne le quittait guère sans s'écrier : « Quelle collection admirable ! que de détails ! quelle revue parfaite ! Votre livre, dit-il un jour au comte, a un grand succès ; mais je lui en aurais procuré bien d'autres encore et à un degré plus éminent, si j'en avais eu moi-même, en d'autres temps, une connaissance plus intime.

2º Un nombre considérable de rapports et de mémoires sur différens objets d'administration, dans lesquels on remarque toujours l'esprit d'un homme d'état éclairé et d'un bon citoyen. Ces mémoires, réunis d'abord dans le cabinet de l'empereur, d'où ils étaient transmis ensuite aux différens ministères, sont principalement :

Rapport sur la mission en Hollande. Exposé des diverses branches de l'administration, et particulièrement de tous les détails de la marine, ses ressources, ses améliorations, etc. etc.

Mémoire sur l'organisation de la marine matérielle et personnelle de l'empire ; système de guerre à adopter dans les circonstances politiques du moment, 1810.

Rapport sur la mission en Illyrie, sur la liquidation de la dette et les diverses branches de son administration ; leur amélioration, etc., 1811.

Mémoire sur la création d'une marine dans l'Adriatique, l'exploitation des immenses forêts illyriennes, et la certitude de régner un peu de temps dans cette mer et dans les parages adjacens, etc.

Rapport sur les dépôts de mendicité de l'empire, les prisons publiques, les maisons de correction ; leur amélioration, etc., 1813.

3° Le journal exact et régulier de tout ce qui a été dit et fait chaque jour par Napoléon, à Ste-Hélène, pendant dix-huit mois. Ses discours en public, ses conversations particulières, etc. Ce journal est encore entre les mains des autorités anglaises. La valeur d'un pareil document dépend de son contenu et de sa véracité ; l'histoire le réclame, et il faut espérer qu'elle ne le réclamera pas toujours en vain.

LETTRE

DU COMTE DE LAS CASAS

A LUCIEN BONAPARTE.

OBSERVATIONS PRÉLIMINAIRES

DE L'ÉDITEUR ANGLAIS.

Toutes les feuilles publiques de l'Europe ont fait mention de la découverte d'une correspondance secrète, à la suite de laquelle le comte de Las Casas, ci-devant conseiller d'état de France et chambellan de l'empereur, un des fidèles compagnons de Napoléon dans son exil à Ste-Hélène, fut emmené de cette île, transporté d'abord au cap de Bonne-Espérance, et ensuite ramené en Europe. Cette correspondance secrète, découverte pas Sir Hudson Lowe, le gouverneur anglais, consistait en une lettre adressée au prince Lucien Bonaparte à Rome, dans laquelle Las Cassas donnait une relation exacte et authentique du voyage de Napoléon à l'île de Ste-Hélène, de sa résidence dans cette île, de sa manière d'y vivre, et des traitemens qu'il y éprouvait. Les Anglais s'emparèrent de l'original de cette lettre, et elle est encore entre les mains du gouverneur britannique de Ste-Hélène, où elle a été transmise par lui au ministère anglais à Londres.

L'auteur en avait cependant conservé une copie dans ses papiers, et il fut assez heureux pour pouvoir la sauver, et la porter avec lui en Europe. Ce mémorable document est maintenant pour la première fois livré à la connaissance du public. Ni le texte français ni la traduction anglaise n'avaient encore été imprimées. (Ici le traducteur anglais entre dans quelques détails sur la fidélité de sa traduction peu importans pour les lecteurs de l'ouvrage français sur le continent.)

Pendant les cent jours, après le retour de Napoléon de l'île d'Elbe, le comte de Las Cassas avait été placé en qualité de chambellan auprès du prince Lucien. Quand l'empereur, terminant sa carrière politique, et renonçant à jamais aux projets de l'ambition, eut pris la résolution de fixer sa résidence aux Etats-Unis de l'Amérique, il choisit, entr'autres personnes, Las Casas pour l'accompagner. Celui-ci accepta avec joie cet honneur, et prit la ferme détermination de ne plus se séparer de l'homme pour lequel il avait conçu une haute admiration, et auquel son cœur avait voué un attachement inaltérable. Mais le sort en avait autrement ordonné; ce ne fut que la violence seule cependant qui réussit à anéantir le plan que Las Casas s'était formé de sa pleine et libre volonté. La force n'eut en cette occasion, nul égard pour ce zèle, pour ce fidèle attachement avec lequel un serviteur se liait irrévocablement au sort de son ancien maître, d'un souverain qui paraissait encore plus grand dans l'infortune qu'au milieu de toutes les splendeurs du triomphe. Un si généreux dévouement semblait cependant mériter une toute autre récompense. Le malheureux Las Casas avait laissé loin de lui une épouse et des enfans, les objets les plus chers à son cœur; il avait tout abandonné pour suivre, à des milliers de lieues de sa patrie, un homme à qui il ne devait ni état ni richesses, mais à qui il s'était donné de cœur et d'âme. Quand il eut enfin atteint le but d'un long et pénible voyage, quand, entré dans le port, il crut pouvoir se livrer à ses sentimens et à l'exercice de devoirs qu'il s'était imposés, il se vit soudain arraché d'auprès de celui à qui sa société et ses soins étaient devenus si nécessaires.

Peut-être, en se séparant de Lucien, pour accompagner Napoléon à Rochefort, Las Casas avait-il donné au premier, la consolante promesse de lui communiquer, de temps à autre, un rapport exact de tout ce qui arriverait à son frère dans les pays étrangers. A peine les fidèles compagnons d'infortune du ci-devant Empereur, eurent-ils mis le pied dans cette île battue des flots amers d'un océan éloigné, qu'on les força de signer un écrit par lequel ils contractaient l'engagement de s'abstenir de toute correspondance secrète, qui aurait pour but de donner à Napoléon les moyens de s'échapper de Ste-Hélène. Si, malgré cette promesse, quelqu'un d'entre eux faisait une pareille tentative, sa punition serait, était-il dit, une séparation immédiate d'avec leur maître chéri, et le transport du coupable en Europe. Ils étaient tous tellement dévoués à Napoléon, qu'une pareille séparation leur semblait la peine la plus sévère. Avec lui, ils souffraient volontiers tous les inconvéniens ; ils menaient avec lui, dans la solitaire retraite d'une île inhospitalière, une véritable vie d'ermites, renonçant à tous les plaisirs, à toutes les jouissances du monde. Les jours, les mois, les années se passaient dans une solitude complète. Les nouvelles d'Europe ne pénétraient point dans cette île. Ils se trouvaient bien heureux, quand de temps à autre, ils pouvaient, par hasard, obtenir au moyen d'un ou deux journaux anglais, qu'on laissait par fois tomber entre leurs mains, quelques notions sur les êtres chéris qu'ils avaient laissés si loin derrière eux. Mais ces mêmes journaux leur prouvèrent bientôt que tout ce qui avait rapport à Napoléon, était représenté sous les plus faussés couleurs, qu'on faisait de constans efforts pour substituer les plus grossiers mensonges

5

à la vérité ; qu'on avait dégagé de tout frein l'esprit
de parti, et donné cours aux plus basses, aux plus
indignes calomnies. Napoléon, il est vrai, ne perdit
jamais cette sérénité d'âme, ce calme qui le caracté-
risaient et qu'il a toujours su conserver, même dans
la chaleur des combats et au milieu des plus grands
dangers. Il voyait avec dédain ces lâches tentatives,
ce désir de fouler aux pieds ce que le sort avait déjà
abattu. Trop souvent il avait eu à mépriser les sentimens et les actions des hommes, de ces grands,
surtout, qui se pressaient naguère autour de lui ;
et ce qui lui arrivait maintenant à lui-même ne faisait que le confirmer encore davantage dans ces
anciennes opinions. Mais ses compagnons d'infortune n'étaient point aussi impassibles. Ils étaient
indignés de ce débordement de calomnies, de cette
ingratitude d'une part, et de cette dépravation de
l'autre, qui pouvait trouver des jouissances journalières dans les insultes faites au lion enchaîné, qu'ils
flattaient et redoutaient tant, quand il était en
liberté

Las Casas s'était occupé à rédiger un journal
dans lequel il rendait compte avec la plus grande
ponctualité, de tout ce qui était arrivé à Napoléon
et à ses compagnons, depuis leur départ de France.
Il s'y trouvait un récit détaillé de tout ce que Napoléon disait ou faisait de remarquable, jour par jour.
Ce journal ne contenait qu'une relation véridique
de faits, et semblait ainsi être bien calculé pour réfuter toutes les fables mensongères que débitait et
propageait la méchanceté. Mais, hélas ! en des temps
où l'esprit de parti prévaut, il est permis au démon
de la persécution de poursuivre sa proie, l'attaque
et la calomnie sont autorisées d'une part, tandis que
de l'autre, toute défense est interdite. Ce journal
avait pénétré en Europe ; mais on eut grand soin
d'empêcher qu'il ne fût mis sous les yeux du public.
On était effrayé, sans doute, de l'effet qu'aurait pu

produire la simple vérité sur ce même public, et ce n'était pas sur elle qu'on voulait qu'il formât son opinion. Quiconque est employé à des œuvres de ténèbres et de déception, ne saurait supporter un instant l'éclat de la vérité, dépouillé de tout prestige.

Napoléon avait laissé loin derrière lui, dans l'Occident, une mère chérie, une tendre épouse, un fils qui donnait les plus hautes espérances, des frères, des sœurs, des parens, et une foule d'amis. Fallait-il les tenir tous dans une anxiété perpétuelle, dans la plus cruelle incertitude sur le sort de celui auquel ils étaient attachés par tous les liens de l'affection et de la reconnaissance, et dont maintenant le malheur ne faisait qu'accroître les sentimens de la plus tendre sympathie. N'aurait-on pas au moins, dû permettre qu'ils fussent informés du véritable état des choses, qu'on s'efforçait de cacher aux yeux du monde ; état si défiguré par le mensonge, qu'il était impossible de reconnaître et de distinguer la vérité à un tel éloignement des lieux ? Mais tous les sentimens humains sont étouffés dans le sein de ces êtres que les passions haineuses dominent. L'homme infortuné qu'on déifiait pendant sa prospérité, était maintenant privé, sans pitié, des plus innocentes communications avec sa famille. Las Casas révolté de cette conduite cruelle, se rappela la promesse qu'il avait faite à Lucien Bonaparte en quittant la France. Une occasion favorable se présenta à lui, pour faire passer son rapport circonstancié en Europe, et il n'hésita point à en profiter.

Un domestique d'origine anglaise, que le Comte avait pris à son service à Ste-Hélène, devait partir avec le premier vaisseau qui mettrait à la voile pour l'Angleterre. Il s'était chargé de remettre ponctuellement une lettre qu'on recommanda avec le plus grand soin; mais à peine cet

5*

homme eut-il quitté Longwood, avec le dépôt précieux qu'on lui avait confié, que ce dépôt se trouva dans les mains du gouverneur anglais. Le comte de Las Casas ignore encore, en ce moment, de quels moyens sir Hudson Lowe se servit pour parvenir à la possession de cet écrit, malgré toutes les précautions qu'on avait prises. Les ruses habituelles de ce gouverneur lui auront peut-être fait découvrir l'existence de cette lettre, qui aura pu ensuite être enlevée de force au porteur, au moment où il entrait dans le vaisseau. Peut-être aussi avait-on su mettre adroitement en œuvre un Anglais, pour s'insinuer, par toutes sortes d'artifices, dans la confiance de son maître, et le porter à une démarche que le gouverneur avait à cœur de voir faire, le tout pour trahir ensuite celui qui l'aurait faite. Las Casas n'a jamais depuis entendu parler de cet homme. Cette dernière supposition paraît se rapprocher le plus de la vérité. Le gouverneur n'avait peut-être pas d'autre dessein que celui de trouver le prétexte qu'il cherchait depuis long-temps, pour arracher de force, d'auprès de Napoléon, un homme qui lui était dévoué de cœur et d'âme, et dont les talens et les connaissances lui étaient d'une si grande utilité. Car d'après la conviction de Las Casas, tous les efforts du gouverneur britannique de Ste-Hélène, ne tendaient que vers un but, celui de tourmenter, par tous les moyens qui sont en sa puissance, le prisonnier qui lui a été livré, et lui faire boire, jusqu'à la lie, la coupe de l'infortune.

La lettre adressée par Las Casas à Lucien Bonaparte, forma donc ce *corps de délit* par la découverte duquel le gouverneur se crut autorisé à laisser tomber tout le poids de sa vengeance sur l'homme dont l'attachement montré en toutes circonstances à Napoléon, dont la constante prudence

et la résistance à toutes les injustes prétentions,
lui avait attiré de la part du gouverneur, une
haine toute particulière. Dans tous les cas, la découverte d'une correspondance politique secrète,
ayant pour objet la fuite de Napoléon, de l'île
de Ste Hélène, correspondance entamée par une
personne de la suite de l'ex-empereur, ne pouvait
autoriser le gouverneur qu'à éloigner de l'île ce
correspondant et à le renvoyer en Europe. Mais la
soif de la vengeance ne se laissa point en cette occasion aussi facilement satisfaire. Las Casas, après
avoir été enlevé de force de Longwood, fut traité
en prisonnier, gardé comme un criminel, et transporté au Cap-de-Bonne-Espérance. Là, il fut encore retenu pendant plusieurs mois, confiné dans
un lieu solitaire, éloigné de la ville du Cap et de
toute société civilisée, relégué dans l'intérieur du
pays, au milieu des Hottentots, jusqu'à ce qu'enfin, après ces longues souffrances et toutes sortes de
persécutions, il fût trouvé convenable de le jeter
prisonnier dans une petite embarcation, et de l'envoyer en Europe. Mais ces faits sont détaillés plus
au long dans les Mémoires authentiques du comte
de Las Casas, que nous avons donnés plus haut.

Il réussit, mais non sans de grandes difficultés, à
dérober aux yeux d'Argus du commandant britannique et de ses sbires, un nombre assez considérable de papiers et de manuscrits de plus ou moins
d'importance, documens précieux pour l'histoire.
Ils furent cachés à bord du vaisseau qui devait le
transporter en Europe. Mais à peine ce bâtiment
fut-il entré dans la Tamise, que des agens de police
anglais, d'après les ordres précis, et les instructions secrètes de *lord Bathurst*, prirent possession
de tous les papiers, porte-feuilles, livres et lettres.
Dans le nombre, se trouvait aussi cette lettre adressée à Lucien Bonaparte, datée de Longwood,
que nous soumettons en entier à l'opinion de nos

lecteurs. Elle fut alors, pour la seconde fois, sur le point d'être anéantie, ou au moins, privée de publicité.

Las Casas fut forcé d'abandonner tous ses papiers et de les laisser entre les mains des agens anglais. Ils lui permirent cependant d'apposer son cachet sur les paquets qui les contenaient. On ne souffrit pas qu'il mît le pied sur le sol de l'Angleterre. Lui et son fils, âgé de dix-huit ans (qui ne l'avait jamais quitté, ni à Ste-Hélène, ni au Cap-de-Bonne-Espérance), furent alors mis à bord d'un autre vaisseau qui les transportèrent à Ostende, et furent livrés à la garde des autorités des Pays-Bas. Pendant que Las Casas se trouvait encore sur la Tamise, il avait vivement, mais en vain, sollicité la permission de s'embarquer pour les Etats-Unis d'Amérique. Les journaux ont annoncé dans le temps, que lorsque le comte de Las Casas eut de nouveau mis le pied sur le continent européen, il fut escorté comme un criminel-d'état, à travers tout le royaume des Pays-Bas, sous la surveillance constante de la police, sans qu'il lui fût permis de s'arrêter en aucune ville, malgré le mauvais état de sa santé, ébranlée par tant de malheurs. Sur la frontière des Pays-Bas, il fut livré aux autorités prussiennes qui le transportèrent de la même manière jusqu'à Francfort-sur-le-Mein. Là, après tant de traverses et de persécutions continues, il trouva enfin, sous la protection de l'Autriche, un asile tranquille et assuré, à l'abri de toute oppression.

A Francfort, il fut remis en possession du manuscrit que nous venons de livrer au public. M. Lamb, ministre britannique auprès de la diète et la ville de Francfort, avait reçu de son gouvernement l'ordre de restituer au comte de Las Casas, tous les paquets qui lui avaient été enlevés sur la Tamise; dans, l'un d'eux, il retrouva cachetée, une copie de la lettre adressée de Ste-Hélène, à Lucien Bonaparte.

Cette production peut être classée au nombre des documens les plus intéressans de ces temps modernes. Elle est de la plus haute importance pour le politique, comme pour l'historien. Un nouveau jour, une clarté suffisante se répand enfin sur nombre d'événemens et de transactions, qui étaient jusqu'ici, inconnus en Europe, ou qui paraissaient au moins énigmatiques, et d'une nature presque inexplicable, tant ils étaient déguisés ou défigurés par la passion et les fausses-couleurs qu'on avait su leur donner. Nul homme de ces derniers temps, n'a été plus exposé à la fureur des partis que Napoléon. Jamais son caractère extraordinaire n'a été jugé avec impartialité. Ainsi qu'au zénith du bonheur, il avait été exalté outre-mesure, ainsi au nadir de l'infortune, il a été déprécié au-dessous de toute vérité. Mais si, de nos jours, tant d'hommes ont intérêt à calomnier le caractère de celui devant qui ils tremblaient naguères; s'ils prennent plaisir à outrager lâchement le puissant abattu, devant lequel ils se prosternaient de la manière la plus abjecte, avant qu'il ne fût dépouillé et enchaîné; si la force, dans l'abus qu'on en fait, n'est employée que pour décevoir, et pour trahir la vérité, n'est-il point urgent alors, que tout ami de cette vérité, proclame à son tour un *audiatur et altera pars*; afin que quelques rayons de lumière puissent enfin pénétrer dans cette obscurité profonde, et vous aider à résister aux efforts de ceux qui veulent éteindre toute clarté.

On se fait, en Europe, les idées les plus erronnées sur ce qui a rapport à Napoléon et à Ste-Hélène. Cette lettre dissipera ces épais brouillards, cette obscurité qu'on a volontairement fait naître. Les lords Castlereagh et Bathurst y puiseront peut-être, des raisons nouvelles pour faire ressentir encore, davantage à celui qu'ils redoutaient tant autrefois, qu'il est maintenant en leurs mains. Mais la postérité sera plus impartiale, plus équitable en ses jugemens, et prononcera sa sentence contre ceux-là même qui jugent maintenant. Il serait, certes, bien difficile pour les contemporains, de retrouver dans le traitement qu'on fait essuyer à Napoléon, la moindre trace de cette *générosité anglaise* qui a été jadis tant célébrée. Si Napoléon, au comble du malheur, s'était volontairement jeté entre les bras d'un Alexandre, au lieu de s'en fier à la foi britannique, combien la destinée de l'infortuné monarque n'eût-elle point été différente! Un Tamerlan pouvait bien, il est vrai, faire promener Bajazet dans une cage de fer, et montrer ainsi, réduit au dernier degré d'abaissement et d'humiliation, le puissant sultan qu'il avait vaincu ; mais quel nom serait assigné dans les fastes de l'histoire à un monarque du dix-neuvième siècle, qui aurait choisi Timur-Tamerlan pour son modèle.

Quiconque parcourra la lettre suivante, s'il n'est aveuglé par l'esprit de parti, aura de la peine à se persuader qu'un empereur de Russie, que le fondateur d'une sainte-alliance chrétienne, dout les sentimens magnanimes ont été si exaltés, qu'un empereur d'Autriche, attaché par les liens indissolubles du sang, à un prince infortuné, puissent approuver tout ce qui se passe dans l'île éloignée de Ste-Hélène. Cependant, la personne de Napoléon n'appartient pas exclusivement aux ministres anglais. Les autres monarques ont aussi des droits sur lui, et c'est en raison de ces droits qu'ils ont apparemment aussi envoyé leurs commissaires dans l'île de Ste-Hélène.

Cette lettre, (vu la qualité de l'auteur, et la situation particulière dans laquelle il s'est trouvé), deviendra non seulement un véritable document,

historique, mais présentera en outre, un intérêt
particulier. Elle est plus précieuse que le manuscrit venu de Ste-Hélène, qui est dépourvu de toute
authenticité, et qui a été composé en Europe. L'auteur de la lettre à Lucien, l'écrivit pour la famille
de Napoléon, et d'après cette première destination
même, il est évident qu'il ne pouvait avoir aucun
motif d'employer dans son tableau, des couleurs
plus sombres que celles qui étaient nécessaires
pour tracer une peinture fidèle des faits et des événemens. La disposition d'esprit où il se trouvait en
écrivant, se reconnaît, sans doute, au langage et
aux expressions dont il se sert; mais son caractère connu répond de sa véracité.

LETTRE

DU COMTE DE LAS CASAS

A LUCIEN BUONAPARTE.

MONSEIGNEUR,

JE viens de recevoir votre lettre, datée de Rome, du 6 mars 1816. Je m'estime très-heureux d'avoir reçu de Votre Altesse, cette marque de souvenir. Je ne saurais mieux reconnaître toutes les bontés que vous m'avez témoignées, qu'en vous transmettant à mon tour, de temps à autre, pour vous et toute votre famille, un récit fidèle et détaillé de tout ce qui a rapport à l'Empereur, particulièrement à sa santé, ses occupations, et les traitemens qu'il éprouve. J'aurai surtout grand soin de vous exposer les faits tels qu'ils se sont passés. Je crois cependant que Votre Altesse trouvera nécessaire de dérober au cœur sensible d'une mère, certains détails dont le récit pourrait lui causer une trop vive douleur.

Afin que mon rapport soit complet, je me reporterai au moment où je pris congé de Votre Altesse, dans le Palais-Royal, pour me dévouer entièrement et de plein gré, au service de l'Empereur, que j'accompagnai à la Malmaison, avec l'intention de ne plus jamais le quitter. Ma relation datera du moment où l'Empereur, entrant dans sa voiture, au milieu du bruit des canons ennemis, envoya un message

à Paris , au gouvernement provisoire , par lequel
il lui fit dire : « Que , lorsqu'il avait abdiqué le
» pouvoir , il n'avait point en même temps re-
» noncé au plus noble droit du citoyen , au droit
» de défendre sa patrie ; que la vraie situation des
» affaires lui était parfaitement connue ; que s'il en
» était requis , il était certain de battre encore l'en-
» nemi , et cela de manière à donner un tout autre
» cours aux négociations , qu'une victoire facilite-
» rait ; mais que dans tous les cas , et même après
» la victoire , il n'en était pas moins résolu à pour-
» suivre sa route sans délai (1). »

L'Empereur avec une partie de sa suite , qui
consistait en plusieurs voitures , fit ce voyage sans
aucune escorte , et au milieu des acclamations et
des témoignages d'affection que lui prodiguait la
multitude. On accourut de toutes parts ; on se pres-

---

(1) Cette offre ayant été rejetée par le gouvernement provisoire, nous nous mîmes en route le 29 juin, au soir, pour
Rochefort, où deux frégates avaient eu ordre de nous attendre
pour nous conduire aux Etats-Unis d'Amérique. C'était là
l'asile dont l'Empereur avait fait choix pour sa personne.

Même à l'époque de la première abdication de Bonaparte,
plusieurs de ses amis exprimaient le désir que l'Empereur prît
la résolution de choisir les Etats-Unis pour sa résidence et celle
de sa famille. Lorsqu'ensuite il fut devenu souverain de l'île
d'Elbe, les appréhensions de quelques cours de l'Europe étant
toujours les mêmes, et plusieurs indications annonçant que,
malgré les traités conclus avec lui, on avait le projet d'adopter
des mesures violentes contre sa personne, le désir de le voir aller
en Amérique reprit de nouvelles forces. Une lettre que le duc

sait sur la grande route par où il passait. Il était impossible de ne pas être touché d'un pareil spectacle. L'Empereur seul parut exempt de toute agitation. On lisait sur les visages de ces personnes, l'expression du regret pour ce qu'ils allaient perdre, et de tristes appréhensions pour l'avenir. Ces groupes offraient un tableau aussi touchant qu'extraordinaire, et qui pouvait fournir matière à la fois au sentiment et à la réflexion.

Après notre arrivée à Rochefort, nous restâmes pendant plusieurs jours dans une attente bien pénible, espérant toujours voir arriver les passeports qui nous avaient été promis lors de notre départ de Paris. En même temps, les événemens se succédaient coup sur coup avec une telle rapidité, les affaires prenaient une teinte si sombre, que tout

---

d'Otrante (Fouché), écrivit a ce sujet à l'Empereur, adressée à l'île d'Elbe, a été publiée dans quelques journaux. Quand il renonça pour la seconde fois au trône, ce plan devait être mis à exécution. Joseph Bonaparte prit les devans en toute hâte, et New-Yorck fut l'endroit fixé pour le rendez-vous général du reste de la famille, aussi bien que pour toutes les personnes qui ne trouvaient pas de sécurité à rester en France. Napoléon lui-même, n'avait jamais eu la pensée d'amasser une fortune particulière, ni de se faire un trésor; tous les bruits que l'on a fait circuler à cet égard dans le public sont de pure invention. Mais les frères et les sœurs de Napoléon, Joseph et Lucien particulièrement, possédaient des fortunes assez considérables, et l'on n'avait nul autre projet en gagnant l'Amérique, que celui de vivre libres de tout soin, à l'abri de toutes persécutions, et de pouvoir s'y livrer dans le calme, aux entreprises agricoles ou littéraires.

paraissait nous imposer la nécessité de lever l'ancre
sur le champ, et de mettre en mer. L'ennemi
était déjà entré à Paris ; notre armée principale,
frémissant de rage, s'était jetée derrière la Loire.
Les armées de la Vendée et de Bordeaux éprouvaient les mêmes sentimens. Tous les habitans
étaient dans un état de fermentation extraordinaire. On accablait l'Empereur de pétitions ;
on venait de toutes parts le supplier de se mettre à la tête des affaires, de prendre soin du bonheur, de guider la fortune, et de se charger du sa-
lut de la France ; mais sa résolution définitive était
prise. D'un autre côté, les croiseurs anglais étaient
en vue, et rôdaient nuit et jour autour du port de
Rochefort. Toutes les issues semblaient gardées et
fermées ; les vents étaient, en outre, constamment
contraires. Ainsi, tandis que chaque rapport qui
nous parvenait de l'intérieur, semblait exiger im-
périeusement notre départ ; chaque circonstance
du dehors et chaque nouvelle de mer concouraient
à rendre ce départ impossible. En cette extrémité,
l'Empereur m'envoya vers un croiseur anglais.
Je possédais une connaissance suffisante de la
langue anglaise, depuis le temps de ma première
émigration et de ma résidence en Angleterre. Je me
rendis à bord ; je demandai au commandant si on
avait connaissance des passeports que nous devions
recevoir pour l'Amérique. Il se trouvait à cet
égard dans la plus complète ignorance. Je lui
peignis notre véritable position ; je rendis compte
des offres diverses qui étaient faites chaque jour

à l'Empereur, de ses refus, et de sa ferme résolution de s'en tenir au plan qu'il avait une fois
adopté : je fis des questions qui tendaient à découvrir s'il n'y aurait pas quelque moyen de
nous échapper à bord d'un vaisseau neutre. Le
capitaine anglais avait ordre de s'emparer de tous
les vaisseaux, de quelque nation qu'ils fussent.
Je parlai du projet de nous embarquer sur une
frégate portant pavillon parlementaire. Le capitaine avait ordre d'attaquer, malgré ce pavillon.
Je représentai au capitaine toute l'étendue du
mal dont il allait devenir la cause, s'il forçait
encore l'Empereur de retourner sur ses pas. Il m'assura qu'à cet égard, il désirait ne rien prendre sur
lui, et il me dit qu'il s'adresserait sans retard à son
amiral, prendrait ses ordres, et qu'il me donnerait
réponse sous deux jours.

Pendant cet intervalle de temps, tous les projets
que l'imagination la plus active pouvait enfanter,
étaient examinés tour à tour par nous, dans l'intention de trouver quelque moyen de nous échapper de ce port et de gagner la haute mer. L'idée
désespérée de traverser l'Océan dans de frêles et
légères barques de pêcheurs fixa même notre
attention. De jeunes élèves de la marine, ani-
més du plus ardent courage et d'un enthousiasme
qui brave toutes les difficultés, étaient venus
offrir leur service à l'Empereur pour accomplir
ce téméraire dessein et pour former l'équipage
de ces bateaux. L'Empereur adopta ces idées ;

mais au moment du départ, nous fûmes forcés
de renoncer à ce téméraire projet. Entr'autres
difficultés insurmontables, les marins nous dé-
montrèrent la nécessité absolue qu'il y aurait à
prendre terre, au moins sur les côtes d'Espagne ou
du Portugal, pour s'y pourvoir d'eau.

En même temps, la tempête morale agitait tous
les jours avec plus de violence l'atmosphère qui
nous environnait. L'orage approchait, et bientôt
la foudre allait éclater sur nos têtes. Les sollicita-
tions et les vives instances adressées à l'Empereur,
devenaient aussi tous les jours plus fortes et plus
nombreuses; les généraux arrivaient en personne
et le suppliaient de se mettre à leur tête. L'Empereur resta inébranlable. Rien ne put le faire renoncer à la détermination qu'il avait prise. La fermeté
et la force de son caractère sont assez connus.
« Non, répondit-il toujours, le mal est maintenant
» sans remède; il n'est plus en ma puissance de
» faire quelque chose pour la patrie. Une guerre
» civile serait aujourd'hui sans objet, sans utilité
» pour ce royaume. A moi seul, elle pourrait de-
» venir avantageuse, en ce qu'elle me procurerait
» peut-être les moyens d'obtenir personnellement
» des conditions plus favorables; mais il me les
» faudrait acheter par la perte inévitable de ce que
» la France possède de plus généreux et de plus
» magnanime. Un tel résultat me fait horreur ! »

C'est cette même manière de voir qui empêcha déjà
l'Empereur, lorsque la trahison eut rendu sa pre-

mière abdication nécessaire, de se réserver pour lui la Corse. Nul croiseur ennemi n'aurait pú alors l'empêcher de gagner cette île ; mais il ne voulait point qu'on pût dire de lui, que dans le naufrage dont il prévoyait que le peuple français allait subir le malheur, lui seul s'était procuré un asile en se retirant dans son pays natal.

En vain nous passâmes tout ce temps dans l'attente d'une réponse de la part des Anglais. N'en recevant point, je retournai sur le vaisseau de cette nation ; le capitaine me dit qu'il n'avait encore reçu aucune nouvelle de son amiral ; mais il m'informa en même temps, que son gouvernement l'avait autorisé à conduire Napoléon et sa suite en Angleterre, dans le cas où cette proposition pourrait lui être agréable. Je répondis que j'allais sur le champ en communiquer l'offre à l'Empereur, et que je ne doutais nullement qu'il ne l'acceptât sans défiance, et n'en profitât pour obtenir, en Angleterre même, les moyens de se rendre en Amérique. Le capitaine m'observa qu'à cet égard, il ne pouvait pas donner d'assurance qu'une pareille permission nous serait accordée ; mais il nous assura, en même temps, et plusieurs de ses officiers exprimèrent la même opinion, que nous ne devions pas conserver le moindre doute sur le traitement que nous éprouverions en Angleterre, traitement qui serait digne en tout, du grand caractère, de la puissance et de la magnanimité reconnues du peuple anglais.

6

A mon retour, l'Empereur nous réunit autour de lui pour prendre nos avis. Nous fûmes tous d'accord : nous crûmes qu'il fallait accepter l'offre d'hospitalité qui nous était faite. La plus légère appréhension ne nous vint pas même dans l'esprit. « Quelle belle occasion, disions-nous, se pré- » sente maintenant au Prince-Régent, d'acquérir » une haute renommée ! Il la saisira, sans doute, » avec empressement ! Quel triomphe pourrait- » être plus glorieux pour l'Angleterre que cette » noble confiance que lui témoigne son plus grand » ennemi ! Quelle supériorité de conduite elle » pourra faire ici contraster avec celle d'un beau- » père, d'un ancien ami et allié ! Cette transaction » fournira un jour une des plus belles pages de » l'histoire britannique ! Quel hommage on rend » ainsi au mérite et à la perfection des lois an- » glaises ! ...... » J'osais même, en cette occasion, m'appuyer de la haute opinion que Votre Altesse elle-même avait prise du caractère national des Anglais, de leur moralité, de l'élévation de leurs sen- timens et de l'influence de ces sentimens sur la mar- che du gouvernement. L'Empereur manifesta l'opi- nion que son départ pour l'Amérique exciterait cer- tainement quelque jalousie, et éprouverait peut- être bien des difficultés ; mais comme il ne faisait choix d'un asile que dans l'unique dessein de vi- vre sous l'empire des lois positives ; et comme l'Angleterre lui offrait cet avantage, il lui impor- tait fort peu d'être obligé d'y rester. Il prit même la résolution de s'y fixer ; c'est dans cette vue qu'il écrivit une lettre au Prince-Régent, lettre qui fut insérée ensuite dans tous les journaux de l'Europe, et que voici :

« Rochefort, le 13 juillet 1815.

» ALTESSE ROYALE,

» En butte aux factions qui divisent mon pays » et à l'inimitié des plus grandes puissances de l'Eu- » rope, j'ai terminé ma carrière politique ; et je » viens, comme Thémistocle, m'asseoir aux foyers » du peuple britannique. Je me mets sous la pro- » tection de ses lois, que je réclame de V. A. R., » comme le plus puissant, le plus constant et le » plus généreux de mes ennemis.

» NAPOLÉON.'

Je revins, le même soir, à bord du *Bellérophon*, pour y passer la nuit, et j'annonçai que l'Empe- reur s'y rendrait le lendemain matin. J'étais ac- compagné par le général Gourgaud, aide-de-camp de Sa Majesté, qui fut immédiatement envoyé en Angleterre. Il portait avec lui la lettre au Prince- Régent, et il avait ordre de communiquer en même- temps, à Son Altesse Royale, le désir de l'Empe- reur de débarquer en ses domaines, sous le nom du *colonel Duroc*, et de se fixer, avec l'approbation du Prince, dans quelque province dont le climat se trouverait favorable à sa santé.

A peine l'Empereur fut-il arrivé à bord du *Bellérophon*, que l'amiral de la flotte anglaise fit

son apparition, et vint jeter l'ancre à côté de nous.
Sa Majesté témoigna le désir de visiter le vaisseau
amiral le *Superbe*, et l'amiral *Hotham* fit rendre à
l'Empereur les honneurs et témoignages de respect
auxquels il pouvait avoir droit de s'attendre, et
cela avec une grâce parfaite, et une amabilité qui
fait le plus grand honneur au caractère de cet officier distingué.

Nous mîmes ensuite à la voile ; notre sécurité
était si grande, que chacun de nous se livrait aux
projets les plus agréables, et nous fiant entièrement aux assurances que nous avions reçues, nous
passions tout notre temps, pendant le voyage, à
faire des rêves innocens sur notre nouvelle destination, sur le calme que nous allions goûter en
arrivant au port et en vivant sous la protection de
l'hospitalité anglaise. Nous étions bien loin d'avoir
le moindre soupçon du sort qui nous était réservé.
A peine eûmes-nous cependant jeté l'ancre près
des côtes d'Angleterre, que tout prit autour de
nous un air de funeste présage. Le capitaine mit
d'abord pied à terre. A son retour, il fut facile
déjà de lire sur son visage le malheur qui nous attendait. C'était un homme honnête ; il avait suivi
ses instructions, sans rien savoir du terrible secret
ni de l'arrière pensée qui les avaient dictées. Nous
étions condamnés d'avance à être jetés sur le roc
inhospitalier de Ste-Hélène, au milieu de l'Océan,
à cinq cents lieues de toute terre.

Dès cet instant, nous fûmes placés sous la surveillance la plus rigoureuse. Toute communication avec nous fut interdite. Nous étions entourés de vaisseaux armés ; des décharges de mousqueterie retenaient au loin les curieux qui auraient voulu s'aventurer et nous approcher. Bientôt la terrible sentence nous fut annoncée dans les termes les plus durs, et avec les formes les plus odieuses. On ne perdit pas un instant pour la mettre à exécution. Ils s emparèrent de nos épées, fouillèrent tous nos effets, pour prendre soin, disaient-ils, de notre argent, de nos lettres de change, de nos diamans ou autres objets de quelque valeur. Ils s'imaginaient qu'ils trouveraient l'Empereur nanti de trésors immenses : combien ils le connaissaient peu ! Ils ne trouvèrent que 4000 napoléons en sa possession, et un petit service d'argent qu'ils lui laissèrent, quelque linge, quelques effets d'habillement, quelques caisses contenant sa bibliothèque de campagne..... Voilà en quoi consistait tout l'avoir de celui qui avait commandé au monde, qui avait disposé des rois et des royaumes !

Nous fûmes transférés du *Bellérophon* dans le *Northumberland*, pour traverser un immense océan et pour nous rendre à notre destination, aux extrémités du globe.

Nous avions suivi l'Empereur en grand nombre ; mais quatre personnes seules obtinrent la permission de subir avec lui sa sentence de condamnation. Ceux qu'on obligea de rester en arrière, soupiraient et versaient des larmes quand ils le virent partir. Un de ceux à qui le bonheur de l'accompagner avait été accordé, ne put s'empêcher de faire l'observation suivante, à lord Keith, qui était près de lui : « Vous remarquerez, Mylord, que » ceux-là seuls versent des larmes qui sont con-» damnés à rester en arrière. »

L'Empereur, en quittant les côtes d'Angleterre, laissa une protestation courte, simple et énergique. Je l'insère ici, parce qu'elle a été mutilée dans les feuilles publiques qui en ont fait mention :

« En présence de Dieu et des hommes, je pro-» teste ici solennellement contre la violence qui m'a » été faite ; contre la violation de mes droits les plus » sacrés. On a porté par la force atteinte à ma per-» sonne et à ma liberté ! Je suis venu volontaire-» ment à bord du *Bellérophon*; je ne suis point le » prisonnier de l'Angleterre. Je suis son hôte. »

« Je me suis rendu à l'invitation du capitaine » même de ce vaisseau; il me dit qu'il avait ordre » de son gouvernement de me recevoir et de me » conduire moi et ma suite en Angleterre, si cela » pouvait m'être agréable. Me fiant à une pareille » assurance, j'acceptai cette offre, afin de me placer » sous la protection de l'Angleterre. Dès l'instant » où j'entrai dans le *Bellérophon*, j'avais droit à » l'hospitalité de cette nation. Si le gouvernement, » en donnant ordre au capitaine du *Bellérophon* » de me recevoir, moi et ma suite, avait l'intention » de me faire tomber dans un piége, ce gouverne-» ment a agi contre l'honneur et dégradé son pa-

» villon. Si l'on persiste à en agir ainsi, ce sera en
» vain que les Anglais auront parlé en Europe de
» leur sincérité, de leurs lois et de leur liberté.
» Toute confiance en la sincérité britannique est
» anéantie par l'hospitalité du *Bellérophon*.

« J'en appelle à l'histoire. Elle dira : Un ennemi
» qui pendant vingt ans a fait la guerre au peuple
» Anglais vint, dans son malheur, chercher volon-
» tairement un asile sous l'empire de ses lois.
» Quelle preuve plus éclatante pouvait-il donner
» à ce peuple, de son estime et de sa confiance ?
» Mais comment répondit-on en Angleterre à cette
» magnanimité : on affecta de lui tendre une main
» hospitalière, et quand il se fut livré en toute
» confiance, on le sacrifia.

A bord du *Bellérophon*, en mer, le 4 août 1815.

Signé : NAPOLÉON.

Ce mémorable document mérite d'être transmis
à la postérité.

Quant à nous, dans l'amertume de notre cœur, et
la douleur que cette conduite nous causait, nous
nous écrions: « Quelle insigne perfidie ! Ne sommes-
» nous plus au milieu des peuples civilisés? Que sont
» devenus les droits des nations et la morale publi-
» que ? Que Dieu punisse les auteurs de ces atro-
» cités ! Il connaît la bonne foi avec laquelle nous
» avons agi, et voit l'indigne fourberie qu'on em-
» ploie à notre égard.» Il serait difficile de peindre la
rage que nous ont causée ces abus de pouvoir, cette

série de mensonges pour abuser de notre crédulité.
Maintenant même mon sang bouillonne en mes
veines ; au seul récit que j'en fais à Votre Altesse.

Nous lûmes dans les journaux, qu'on nous avait
faits prisonniers. Prisonniers ! Nous qui nous étions
livrés de plein gré, avec une confiance si magnanime ! On prétendait que nous avions été forcés de
nous rendre à discrétion ; nous qui avons eu la
grandeur d'âme de ne pas vouloir profiter des
chances que nous offrait encore la guerre, nous
qui pouvions essayer de nous échapper par mer !
Aurions-nous éprouvé un traitement plus cruel,
si nous avions été obligés de céder à une force
majeure ? Qui peut révoquer en doute que nous
eussions bravé tous les dangers, tenté tous les
hasards de la fortune, affronté même une mort
certaine, si nous eussions conçu le moindre soupçon du sort qu'on nous réservait ? La lettre de
l'Empereur au Prince-Régent développe nos sentimens, et prouve combien on a abusé de notre
confiance. Le capitaine anglais auquel nous l'avions
communiquée avant de l'envoyer, en avait tacite-
ment approuvé le contenu, et n'y avait rien trouvé
à changer. On nous dit bien que la conduite qu'on
tenait à l'égard de l'empereur Napoléon, et le
traitement qu'on lui faisait éprouver, ne devaient
pas être attribués à l'Angleterre seule ; que ce résultat était la conséquence d'un traité entre les
quatre grandes puissances alliées ; mais les ministres
anglais s'abusent grossièrement s'ils pensent effacer

de cette manière, l'opprobre dont ils ont couvert leur nation. On répondra à cette assertion de leur part : « Ou vous aviez fait ce traité avant d'avoir » en votre puissance votre illustre victime, et alors » vous vous êtes conduits indignement, en lui ten- » dant un piége pour vous emparer de sa personne, » ou vous n'aviez conclu ce traité qu'après avoir » réussi à vous saisir de lui ; et dans ce cas, vous » vous êtes rendus coupables du crime de sa- » crifier à des vues étrangères l'honneur de votre » pays, et la sainteté de vos lois, crime que rien » ne vous forçait de commettre. »

Combien de malheurs cette monstrueuse perfidie ne présage-t-elle pas à l'Europe entière! Combien de passions haineuses vont encore être excitées! Quel est l'homme qui n'apercevra pas dans ces mesures aussi arbitraires que tyranniques, dans ce mépris de toutes les lois à l'égard de l'Empereur Napoléon, une nouvelle réaction, un changement complet de doctrines politiques? C'est le triomphe des rois remporté sur le droit des peuples. L'orage était apaisé, il menace et gronde de nouveau. C'est en vain qu'on nous répète que la chute de Napoléon a terminé la révolution. Aveuglement insigne! on oublie que c'est lui qui a dirigé la révolution vers un but, et on veut qu'elle se renouvelle et revienne sur nous. Les nations de l'Europe sont dans un état de fermentation plus fort que jamais.

Les instructions du ministère anglais portaient,

qu'on ne devait donner que le titre de général à
l'Empereur. Elles interdisaient toutes attentions
particulières pour sa personne, et toute démons-
tration de respect, autre que celles qu'on pourrait
donner à un simple *général;* l'Empereur aurait pu
être fier de ce titre, il lui avait valu l'immortalité;
mais dans les circonstances actuelles, on ne le lui
donnait qu'avec intention de l'outrager. Nous ne
pouvions nous imaginer qu'il fût au pouvoir du
ministère anglais de changer à sa volonté l'ordre
de choses établi en Europe; qu'il eût la faculté
d'anéantir, suivant son bon plaisir, un titre qui
avait été accordé par une grande nation, consacré
par la religion, sanctionné par la victoire, reconnu par les traités solennels, et du consentement
général du continent entier. C'est ce qui nous détermina à continuer de donner le titre d'Empereur à celui qui avait, quelques jours auparavant,
choisi pour lui-même celui de colonel.

Notre voyage, qui dura deux mois, fut, sous tous
les rapports, heureux et tranquille. Le vaisseau se
trouvait, il est vrai, rempli, ainsi que l'était alors
l'Angleterre même, de pamphlets et de libelles,
dans lesquels le caractère, les traits, les habitudes,
la manière de vivre, et les actions de l'Empereur
étaient également outragés. Il était tombé alors, au
milieu d'hommes dont la diffamation avait excité
les préventions les plus défavorables. Et ce n'était
pas pour l'observateur un spectacle sans intérêt, que
de voir les nuages de l'erreur, amoncelés par la ca-

lomnie, se dissiper devant la splendeur de la vérité, et l'horizon éclairé, répandre des couleurs bien différentes. Les mêmes hommes désabusés, passèrent de la haine à l'admiration. Ils ne pouvaient pas concevoir sa tranquillité ; ils étaient étonnés de sa constante impassibilité, frappés de l'étendue de ses connaissances, mais, par-dessus tout, de l'égalité de son caractère. Quand nous quittâmes ce vaisseau, un de ces hommes qui avaient été le plus à même de l'observer pendant tout le voyage, laissa échapper l'aveu que jamais il ne l'avait surpris un seul instant impatienté ou de mauvaise humeur, ni ne l'avait vu désirant quelque chose.

L'Empereur passait toute la matinée dans sa petite chambre. Vers les cinq heures, il entrait dans la salle à manger, où il faisait une partie d'échecs jusqu'au moment où il se mettait à table pour dîner. Pendant le repas, il parlait peu et rarement. Vous savez que l'Empereur avait l'habitude de ne passer que dix-huit à vingt minutes à table. Là, le dîner durait deux heures. C'était pour lui un supplice qu'il ne pouvait endurer. On lui apportait au bout d'une heure, son café, et il se levait alors pour se promener sur le pont. Le grand-maréchal le général Bertrand et moi, nous l'accompagnions ordinairement, c'était le seul moment de la journée où il paraissait en public. Il envoyait souvent chercher l'officier de quart, et quelques autres personnes, comme le chirurgien du vaisseau, le commissaire de marine ; il s'entretenait avec eux, leur faisait des questions sur les objets qui avaient rapport à leurs fonctions. Pendant les premiers jours, l'équipage du vaisseau montrait une grande curiosité, mais au bout de très peu de temps, ce fut l'affection seule qui attira du monde autour de lui. Si l'on devait opérer une manœuvre qui pût causer quelqu'embarras ou quelque confusion sur le pont, tous les jeunes gens de l'équipage s'empressaient avec des regards où se peignaient leur sollicitude, de former un cercle autour de lui, et de l'environner ainsi pour le garantir de tout accident. L'Empereur se retirait de bonne heure dans sa chambre. Voilà à peu-près de quelle manière il passait sa journée.

Après être arrivés à Ste-Hélène, nous restâmes deux ou trois jours à l'ancre, et nous fûmes mis à terre, de nuit, à *James-Town*. C'est une espèce de village colonial, ou de hameau, composé de plusieurs maisons, parmi lesquelles il y en a d'une grandeur assez considérable et commodément arrangées pour recevoir des voyageurs, car les flottes des Indes orientales visitent ces lieux tous les ans.

Le lendemain, de bonne heure, l'Empereur accompagné par l'amiral, visita l'intérieur de l'île, pour prendre connaissance de l'habitation qu'on lui destinait. Mais cette maison se trouvait dans un état qui exigeait des réparations indispensables. Elles ne pouvaient se faire en peu de jours. L'Em-

pereur fut donc obligé de s'en retourner à James-
Town, où il régnait une chaleur suffocante très
nuisible à la santé , sans compter bien d'autres inconvéniens. Cela l'engagea à établir son séjour à
trois ou quatre mille de la ville. Le soir même, il
m'envoya chercher; mais il était difficile , vu le
défaut d'espace, de loger une troisième personne
dans la maison où il se trouvait. C'était une espèce
de pavillon d'été, éloigné de cinquante pas de la
maison du propriétaire, et qui ne renfermait , au
rez-de-chaussée, qu'une seule chambre de quelques pieds en carré.

L'Empereur y fit placer son lit de camp, et il fut
obligé de coucher, de s'habiller, de manger et de
se promener dans la seule chambre qu'il possédait.
Je couchai au-dessus de lui , dans une espèce de
grenier qui était si petit que mon fils et moi
nous pouvions à peine nous y retourner. Le valet
de chambre de l'Empereur couchait en travers de
la porte. Le propriétaire de la maison et sa famille,
gens très honnêtes et pleins de bienveillance, de-
meuraient à cinquante pas de nous. Au nombre
des personnes de cette famille, se trouvaient deux
demoiselles de dix à quatorze ans ; ce sont ces dames sur le compte desquelles les journaux se sont
égayés si souvent. Les premiers jours de notre arrivée, Napoléon visita plusieurs fois cette famille ;
mais il discontinua bientôt ses visites, voyant que
beaucoup de gens qui venaient par curiosité pour
le voir, abusaient de l'hospitalité de son hôte. Les

autres officiers de sa suite, qui étaient restés dans la ville, visitaient l'Empereur aussi souvent que possible. Mais des méprises et des irrégularités de la part des sentinelles, rendaient ces visites difficiles et désagréables.

La santé de l'Empereur était fort mauvaise, pire peut-être que Votre Altesse ne peut le supposer. Dans le commencement, nous étions forcés de faire venir son dîner de la ville. Ensuite nous trouvâmes moyen d'établir, tant bien que mal, une cuisine dans la maison; mais nous ne pûmes jamais parvenir à lui procurer un bain, ce qui était cependant pour lui de la plus grande nécessité. Quand on balayait sa chambre et qu'on faisait son lit, il était obligé de la quitter. Quand nous nous promenions, c'était sur un terrain rocailleux auprès de la maison, ou dans une allée voisine, dès que le soleil était couché, ou lorsque la lune éclairait notre sentier.

Nous passâmes deux mois de cette manière; on nous conduisit enfin à Longwood, notre séjour actuel. Tout ce temps avait été nécessaire pour les réparations les plus urgentes. La nouvelle colonie y fut réunie, à l'exception du grand-maréchal et de son épouse, qui furent forcés, faute de place, de s'établir dans une maison à trois milles de nous.

Longwood était originairement une simple ferme appartenant à la compagnie des Indes orientales. Cette compagnie l'avait donnée au dernier gouverneur, qui eut le projet d'en faire une mai-

son de campagne ; mais les constructions y furent
faites avec une telle précipitation, que tout l'édifice
offrait une habitation très-malsaine ; et la bâtisse
est si mal conditionnée, que très - probablement
elle sera dans une année tout à fait inhàbitable.

L'Empereur est fort mal logé, et nous sommes
obligés de bivouaquer presque continuellement.
Pour vous donner une idée de notre situation , je
joins ici une esquisse des lieux de notre résidence,
que mon fils avait dessinée pour sa mère. N'ajoutez
donc aucune foi aux descriptions des journaux
anglais, qui prétendent que l'Empereur habite un
beau palais de bois. Le luxe est réservé à l'Europe,
la misère est le lot de Ste.-Hélène. On vit arriver,
il est vrai, il y a quelque temps, une quantité considérable de bois de construction ; mais comme on
fit bientôt le calcul qu'il faudrait huit à dix années
pour les préparer ; que nous serions obligés de
passer tout ce temps au milieu des ouvriers, et de
plus, que la dépense serait énorme, on abandonna
ce dessein, et les bois pourrissent maintenant sur le
terrain où on les a débarqués. Cependant l'île ne
manque pas de maisons préférables à celle de
Longwood. *Plantation - Housse*, en particulier,
l'habitation du gouverneur, est un bâtiment cons-
truit à l'européenne, avec un beau jardin et des
allées ombragées. Elle est fournie de tout ce qu'on
peut s'attendre à trouver dans cette île. Ce serait
une résidence, sous tous les rapports, plus convenable pour l'Empereur, et on éviterait, en l'y

plaçant, des dépenses considérables ; mais faire déplacer un gouverneur anglais, en faveur du célèbre exilé, c'eût été montrer pour celui-ci des égards que le ministère anglais, nous en sommes certains, ne veut pas qu'on ait envers lui.

Les environs de Longwood sont stériles et en souffrance. Nulle plante n'y réussit, à moins de lui donner des soins qui excèdent de beaucoup nos moyens. En un mot, c'est là le désert de l'île. La nature y est en permanente résistance avec tout établissement, avec toute culture du terrain. D'abord l'eau y manque ; on ne trouve de l'ombre nulle part ; on n'y voit que des bruyères, quelques buissons, l'arbre à gomme, qui n'est point un grand arbre, et qui ne donne point d'ombrage. Nous sommes, de plus, engagés dans une rude et perpétuelle guerre, et cela, dans toute l'étendue du mot, avec une armée innombrable de rats et de souris.

Pour le voyageur qui, à la suite d'une longue traversée, débarque dans cette île, après avoir eu long-temps les yeux fatigués par l'ennuyeuse uniformité des flots de la mer, celui-là se trouvera peut-être disposé à admirer le sol sur lequel il remet enfin le pied. Celui-là encore qui par un beau jour parvient, après avoir long-temps gravi, jusqu'à notre plaine ardue, frappé d'étonnement à la vue des terribles masses de rochers dont il e entouré, de l'effrayant abîme qui se trouve à s pieds, et de l'aspect plus riant de quelques poi

verts, dans les enfoncemens ou les crevasses des
rochers, celui-là, dis-je, s'écriera involontairement
peut-être : « Ah, que c'est beau! » Nous avons
malheureusement été souvent forcés d'entendre
cette exclamation. Mais pour celui que le sort a
condamné à traîner ici sa vie, c'est un triste et
mélancolique séjour. Il en est de même du climat dont ceux qui ne le visitent qu'en passant
parlent cependant comme d'un climat agréable
et sain. Sous le soleil ardent du tropique, l'horizon de cette île est presque toujours couvert de
nuages, et Longwood est sans cesse exposé à des
pluies qui tombent par torrent, de sorte que,
quand le soleil paraît, nous sommes presque
dévorés par sa chaleur, et quand il est caché, nous
nageons dans une atmosphère d'une humidité
insupportable. Nous souffrons presque en même
temps des alternatives du chaud et du froid,
variations perpétuelles auxquelles la santé de
l'homme ne saurait long-temps résister. Comme
il n'y a point ici de changemens de saisons, cette
circonstance produit une monotonie d'existence,
par laquelle l'imagination et l'âme ainsi que le
corps sont péniblement affectés. Il est difficile de
peindre le relâchement et l'ennui que cette uniformité fait éprouver. Ce mal se renouvelle chaque
jour, à chaque instant, et ce sont ces tourmens
physiques, joints aux souffrances morales dont
l'Empereur est sans cesse accablé, qui le firent
s'écrier, lorsqu'il apprit le funeste sort de Murat:

« Les Calabrois se sont encore montrés moins bar-
» bares, ils ont été plus magnanimes que le peuple
» de Plymouth. »

En arrivant à Longwood, l'Empereur s'efforça
de prendre quelque exercice à cheval. L'activité
extraordinaire de la vie qu'il a menée jusqu'ici,
rendait à cet égard toute interruption dangereuse
pour lui, et vous savez peut-être que Corvisart
lui a recommandé ce genre d'exercice, comme un
préservatif contre une maladie dont il est menacé. Le terrain sur lequel nous pouvions nous
mouvoir, sans être surveillés par des étrangers,
se trouve enfermé dans des limites assez étroites.
L'Empereur, comme on sait, est accoutumé à de
longues et de rapides courses à cheval; mais ici
l'espace resserré, l'uniformité des lieux, toujours
le même sentier à parcourir, donnent en quelque
sorte à sa promenade l'apparence d'une *leçon de
manège*, et lui ont inspiré un tel dégoût, qu'il s'est
déterminé à renoncer entièrement à ce plaisir. Ni
nos exhortations, ni les plus vives instances, ne
purent lui faire changer de résolution. « Il m'est
»impossible, disait-il, de tourner dans un cercle
»aussi étroit. Quand j'ai un cheval sous moi, je me
»sens toujours prêt à lui lâcher la bride, et c'est
»une envie que je ne puis satisfaire ici. Une pa-
»reille torture m'est insupportable. » L'île a bien
vingt-cinq à trente milles de circonférence. Il était
permis à l'Empereur de les parcourir en tous sens,
mais sous la surveillance d'un officier anglais, et

c'était-là un assujétissement auquel il n'a jamais voulu se soumettre.

Ce n'était ni la différence des couleurs de l'habit, ni la différence de nation parmi les individus qui l'entouraient, dont l'Empereur se sentait importuné ; il disait souvent : « Tous ceux qui ont reçu » le baptême du feu, sont à mes yeux de la même » religion ! » Mais comme il ne désirait jamais sortir en plein air que pour sa récréation, et comme alors il pouvait avoir parfois l'envie d'épancher son cœur, et de s'entretenir librement avec nous, la présence d'un étranger l'en aurait toujours empêché. Il aurait pu se trouver aussi, pendant quelques instans, disposé à oublier sa malheureuse situation ; mais la présence d'un geôlier l'auráit sans cesse rappelée à sa mémoire. « Tout, dans la vie de » l'homme, est sujet au calcul, disait-il ; il faut » tenir la balance entre le bien et le mal. Le bien » que pourrait éprouver mon corps n'est nulle- » ment à comparer au mal que souffrirait néces- » sairement mon esprit pendant cet exercice. »

Un jour, l'amiral Cockburn exprima avec beaucoup de courtoisie son désir d'accorder à l'Empereur plus de liberté pour ses promenades à cheval ; mais cette bonne volonté ne dura qu'un seul jour ; car dès le lendemain matin, soit qu'il se fût repenti de ce qu'il avait fait, soit par quelqu'autre motif, on prétendit qu'il y avait eu un malentendu, et tout en resta là.

La principale occupation de l'Empereur est de

lire dans son appartement ou de dicter à quelqu'un de nous les principaux événemens de sa
vie. Le temps passé à Ste-Hélène ne sera pas entièrement perdu pour l'histoire ni pour la gloire de
la France. Les campagnes d'Italie et d'Egypte sont
déjà écrites. C'est un ouvrage dont l'exécution est
digne du sujet. Il appartenait à celui qui a exécuté
de si grandes choses de les décrire.

L'Empereur a acquis la connaissance de la langue anglaise, et c'est à moi que l'honneur de cet
enseignement est dû. En moins de trente leçons,
il fut en état de comprendre les journaux anglais,
et maintenant il peut lire tout ouvrage écrit dans
cette langue.

Tous les objets qui appartiennent au règne ani-
mal sont ici de la plus mauvaise qualité, ou bien
manquent tout-à-fait. Ils sont d'une nature mal-
saine, d'abord, parce que sous ce degré de la-
titude, il n'en existe point d'autres; et en second
lieu, parce que notre entretien a été donné à l'entreprise sans que nous ayions eu aucune influence
sur le marché, ni aucun moyen d'en surveiller
l'exécution. Nous n'avons jamais pu, par des
motifs qu'on conçoit facilement, obtenir qu'on
nous délivrât le bétail en vie. Nous n'avons jamais
pu, non plus, avoir des provisions pour plus
d'un jour; aussi, avons-nous fréquemment été
dans la nécessité de retarder l'heure de notre
dîner, parce que les provisions n'étaient point
arrivées. Nous nous sommes aussi souvent trouvés

tout-à-fait dépourvus de nourriture et de boisson,
parce que la provision du jour était consommée,
et que celle du lendemain n'était pas encore venue.
La viande de boucherie est détestable en cette île.
Le pain n'est point à comparer à celui de la
France, le vin souvent n'est pas potable. L'huile,
que l'Empereur aime beaucoup, ne peut pas être
employée dans son état naturel, et jusques ici, il
a été impossible d'obtenir un breuvage passable
que l'Empereur pût prendre avec quelque plaisir.
Napoléon, qui pendant une si longue époque de
sa vie a été accoutumé à tout ce qu'il y avait de
meilleur en toutes choses, ne profère jamais de
plainte. Il se contenterait de la ration d'un simple
soldat, mais il souffre, et nous, qui l'accompa-
gnons, nous souffrons vivement pour lui. Qui
pourrait imaginer cependant que les soins auxquels nous nous livrons pour ajouter quelque agré-
ment à l'existence de l'Empereur, seraient, malgré
la petitesse des détails, contrariés par les autorités
placées au-dessus de nous !

La monotonie de la vie de l'Empereur n'est
point interrompue par les visites des étrangers. Il
ne reçoit presque personne. Le nouveau gouverneur a mis maintenant de tels obstacles à toutes les
visites, qu'ils équivalent à une prohibition. Mais
des voyageurs ayant exprimé le plus vif désir d'être
présentés à l'Empereur, et en ayant alors obtenu la
permission, il nous est souvent arrivé de lire, cinq
mois après dans les journaux anglais, les récits les

plus faux de tout ce qui s'était passé à ces entre-
vues, récits imprimés cependant quelquefois sous
les véritables noms de ceux qui nous avaient exprimé, en termes non équivoques, les remercîmens les
plus vifs pour la faveur qui leur avait été accordée.
Une fois pour toutes, je le répète, n'accordez aucune croyance à ces journaux, ni à l'insipide et
stupide bavardage qui les remplit. Quand il
nous arrive d'y trouver de pareilles anecdotes,
elles n'excitent en nous que le rire de la pitié. Mais
les Anglais qui nous environnent expriment hautement leur mécontentement. Ils se plaignent de
ce que les lettres qu'ils envoyent en Angleterre
sont défigurées, et ils s'efforcent sans cesse de
nous prouver que nul d'entre eux n'a pu écrire
de pareilles faussetés; mais que ces récits ont été
fabriqués à Londres même, ou rédigés d'après les
conversations de valets, à bord des vaisseaux qui
ont touché à Ste-Hélène.

—Votre noble frère est toujours le même dans
toutes les circonstances, et nous qui jouissons du
bonheur de vivre avec lui, nous avons l'occasion
de nous convaincre, tous les jours, d'une vérité
qu'un proverbe vulgaire avait voulu révoquer en
doute, celle qu'un grand homme peut rester grand
et paraître même plus grand encore à ceux qui le
voyent dépouillé de tout prestige, et qui ne quit-
tent jamais le chevet de son lit, ni la nuit, ni le
jour.

L'Empereur dort très-peu. Il se couche de bonne

heure, et comme il sait que je ne suis pas un plus
grand dormeur, il m'envoie souvent chercher
pour lui tenir compagnie, jusqu'à ce que le som-
meil vienne le gagner. Il se réveille assez régu-
lièrement vers les trois heures du matin; on lui
apporte une lumière et il travaille jusqu'à six ou
sept heures. Il se recouche alors et essaie de se
rendormir. Vers les neuf heures, on lui apporte
son déjeûner qui est servi sur une petite table
ronde, une espèce de guéridon, près de son lit.
Alors il envoie souvent chercher quelqu'un de
nous; il lit, travaille ou sommeille pendant l'ar-
dente chaleur du jour. Il nous dicte ensuite. Pendant un assez long espace de temps, il avait l'habitude de nous prendre avec lui et de se promener
en calèche, à quatre heures; mais il s'est lassé de
ces promenades, comme de celles à cheval. Maintenant, il se promène à pied, jusqu'à ce que l'humidité le force de rentrer à la maison. S'il reste en
plein air après quatre heures, il est certain d'être
saisi, dans la soirée, de douleurs rhumatismales,
d'une toux assez fâcheuse et de violens maux de
dents. A son retour, il nous dicte encore jusque
vers les huit heures. Il se rend ensuite dans la salle
à manger, et fait une partie d'échecs avant de se
mettre à table; pendant le dessert et lorsque les domestiques sont retirés, il nous lit ordinairement
quelques passages de nos meilleurs poëtes, ou d'autres ouvrages intéressans; voilà les détails les plus
exacts sur la manière dont l'Empereur vit actuelle-

ment. Il s'estimerait encore heureux, à cette distance du reste du monde, s'il lui était permis au milieu des soins pieux de ses serviteurs, et oublié des autres mortels, de vivre, quand ce ne serait que quelques heures par jour, libre de toutes autres peines; mais depuis l'arrivée du nouveau gouverneur, ni jour, ni heure, ni instant ne se passent sans que l'Empereur n'essuie de nouveaux outrages. On peut dire qu'un aiguillon est mis sans cesse en œuvre pour déchirer ses plaies, pour renouveler les douleurs qu'un court assoupissement aurait pu, en quelque façon, calmer. Lors de notre arrivée en cette colonie, notre situation était sans doute bien malheureuse. Nous venions d'être précipités de si haut, qu'eussions-nous même ici été bien traités, on n'aurait guère pu s'attendre à autre chose qu'à des plaintes de notre part. Quelques généreux Anglais, vivant autour de nous, aussi bien ceux qui venaient visiter cette île, surent bien apprécier notre position. Ils nous répétaient constamment, soit par conviction intérieure, soit dans le dessein de nous consoler : « Votre situation actuelle n'est que provisoire : » elle ne saurait être prolongée long-temps : des » causes politiques peuvent avoir rendu les me- » sures actuelles nécessaires pour s'assurer de vos » personnes; mais les lois naturelles, la générosité, » l'honneur exigent que tout ce qui pourra con- » tribuer à alléger vos peines vous soit accordé. » Le plus difficile est fait. Les côtes sont entourées

» de vaisseaux ; les rives sont gardées par des sol-
» dats ; des signaux peuvent à chaque instant être
» donnés dans l'intérieur de l'île ; toutes les me-
» sures de précaution sont prises ; des mesures de
» douceur y succèderont maintenant. Un lieute-
» nant-général est envoyé comme gouverneur de
» cette île ; il a passé sa vie sur le continent, aux
» quartiers-généraux des princes, ou à la cour des
» souverains ; il y aura appris ce qui est dû à
» Napoléon. Ces détails doivent être consolans pour
» vous. Il va venir une personne de distinction,
» digne de la haute mission qui lui est confiée ; un
» homme qui réunit à la grandeur d'âme les for-
» mes les plus polies ; et ces manières aimables qui
» sont de rigueur chez celui qui va remplir une
» mission comme la sienne. Ayez seulement un peu
» de patience, et tout s'arrangera pour le mieux. »

Ce nouveau Messie vint enfin ; mais grand
Dieu ! le mot échappe involontairement à ma
plume, c'était un geolier, un bourreau qu'on nous
avait envoyé. Dès son apparition, tout prit autour de nous un aspect sombre et funeste. Toutes les marques extérieures de respect, toutes les
formes prescrites par la décence et observées jusqu'ici, cessèrent tout-à-coup. Chaque jour depuis,
a été pour nous un jour de peine plus vive et de
traitement plus injurieux. Cet homme a resserré
encore les étroites limites qui nous étaient prescrites ; il a voulu même se mêler de notre écono-
mie domestique ; il a sévèrement défendu toute

communication avec les habitans du pays, et
même toute relation sociale avec les officiers de
sa propre nation; il a donné ordre d'entourer notre résidence de fossés et de palissades; il a aug-
menté le nombre des soldats; il a essayé enfin
d'établir une prison nouvelle dans une prison
déjà existante; il nous environne d'objets d'horreur et nous réduit à la plus dure captivité. L'Empereur reste presque constamment en sa prison,
ne quittant plus son appartement. Le peu d'au-
diences qu'il a données à cet officier ont été désagréables et pénibles au plus haut degré. L'Empereur y a renoncé depuis, bien déterminé à ne
plus voir ce gouverneur. « J'avais de justes rai-
» sons, disait-il, de me plaindre de l'amiral, ce-
» pendant celui-là avait au moins un cœur; cet
» homme-ci n'a en lui nul vestige du caractère
» anglais, c'est un vil *sbire sicilien.* »

Sir Hudson Lowe, pour se justifier, oppose à
toutes nos plaintes les instructions du ministre. Si
cette justification est fondée, les ordres du ministre
sont barbares; mais nous pouvons aussi certifier
que ces ordres sont, de plus, exécutés de la manière
la plus cruelle.

Il est impossible que l'Empereur survive long-
temps à ces traitemens. Tous les médecins sont d'accord sur ce point (1). Que dira l'histoire de cette

_____

(1) Le médecin de l'Empereur est le docteur O'Meara,
chirurgien du *Bellérophon*, homme modeste et vertueux,

infamie? Sir Hudson Lowe avoue lui-même que
la vie de Napoléon est en danger; mais il ajoute
froidement que lui (sir Lowe) n'est point blâma-
ble; que c'est l'Empereur qui ne veut pas que les
choses soient autrement. La dernière entrevue fut
remarquable et la conversation animée. Sous prétexte d'avoir des communications importantes à
faire, le gouverneur réussit à emmener Napoléon
avec lui à la promenade. La nouvelle qu'il avait à
apprendre à l'Empereur, était que la dépense an-
nuelle de l'établissement de ce prince, se montait
à vingt mille livres sterl., tandis que lui, gouverneur, ne pouvait accorder que 8000 liv. st.; et, en
conséquence, il proposait à Napoléon d'acquitter
la différence et de lui remettre 12,000 liv. st.

Choqué de cette proposition, l'Empereur pria
instamment qu'on lui épargnât l'indignité d'entendre de pareilles choses; mais sir Hudson Lowe
insistant toujours sur le même sujet, l'Empereur
irrité, lui dit « De ne pas le fatiguer davantage de
» détails aussi inconvenans; mais de le laisser en
» repos, qu'il ne lui demandait rien, et que s'il
» éprouvait la faim, il irait se placer à la table de
» ces braves gens, (montrant de la main le camp
» du 53e régiment anglais,) et que certainement
» ils ne repousseraient pas d'auprès d'eux, un des

---

qui demanda la permission de s'attacher à notre destinée.
Il trouvera dans l'estime publique la récompense méritée
de son noble sacrifice.

» plus vieux soldats de l'Europe. » Le résultat de cette entrevue fut cependant que l'Empereur se trouva réduit à disposer de sa vaisselle d'argent, pour se procurer, de mois en mois, des objets de première nécessité.

Votre Altesse sait combien l'Empereur était accoutumé à l'abondance, et en même temps combien peu il appréciait tout ce qui y avait rapport. La conduite qu'on tient envers lui l'irrite, mais il ne se plaint jamais. Cependant l'idée que les Anglais ont, par ruse, fait tomber ce grand homme en leur puissance, qu'ils prennent maintenant par force, possession de ses propriétés et de son revenu; qu'ils stipulent avec les autres puissances, dans les termes les plus précis, et prennent sur eux la totalité de la dépense, afin d'avoir sa personne exclusivement à leur disposition; qu'ils entrent ensuite en négociation avec lui pour son propre entretien, et le requièrent de les défrayer des dépenses les plus indispensables sur ses propres fonds; cette idée est si choquante, qu'il est difficile de trouver des expressions analogues aux sentimens qu'elle fait éprouver.

Toutes les denrées, malgré leur mauvaise qualité, se vendent ici à des prix exorbitans. Je n'exagère nullement en vous disant que nous payons tous les objets six ou sept fois plus cher qu'en Italie. D'après cela, il est facile de calculer jusqu'où peuvent aller les 8,000 livres st. accordées par le mi-

nistère anglais. Je puis certifier à Votre Altesse,
que des propriétaires en Europe, avec un revenu de 15 à 18,000 francs, ont un meilleur mo-
bilier, sont mieux logés et mieux nourris que
l'Empereur.

Votre Altesse connaissant maintenant tous nos
maux, supposera peut-être, qu'irrités par nos souffrances, et par la position déplorable où nous nous
trouvons, nous nous livrons à la douleur, et qu'on
n'entend chez nous que plaintes et gémissemens;
cela pourrait être excusable, mais au moins l'excès
de nos malheurs ne nous a point rendus injustes au
point de ne pas remarquer et reconnaître avec une
vive gratitude, la bienveillance que plusieurs des
habitans de l'île, et un grand nombre d'officiers
anglais nous ont témoignée. La franchise et l'honnêteté de l'amiral Malcolm en particulier, mérite
d'être citée avec les plus grands éloges. Notre position difficile, aussi bien que l'emploi officiel de cet
amiral, nous ont seuls empêchés d'exprimer jusqu'ici les sentimens que lui et lady Malcolm (pour
le caractère de laquelle nous avons aussi la plus
haute estime), ont fait naître dans nos cœurs. Un
jour cet amiral apprenant par hasard que, ne
trouvant point d'ombre autour de notre habitation, nous avions le projet de nous procurer une
tente sous laquelle l'Empereur pourrait quelquefois passer une partie de la journée, peu de temps
après cet entretien, nous en vîmes arriver une, et
l'Empereur eut la satisfaction de déjeûner sous une

tente spacieuse, construite avec les voiles d'une
frégate. Ce trait de politesse européenne, auquel
nous ne nous attendions nullement, ne pouvait
manquer de faire sur nous la plus vive impression.
L'Empereur s'est souvent servi et se sert encore de
cette tente, mais non pas sans interruption. Combien de fois, à l'approche de l'importun ennemi,
n'a-t-il pas été forcé, au milieu d'une conversation
ou d'une phrase qu'il nous dictait, de se retirer!
Il s'écriait alors : « Retournons à notre cabane, on
» m'envie jusqu'à la fraîcheur de l'air que je res-
» pire ici. »

Tout, jusqu'au plus petit détail, trahit le caractère personnel et l'âme de notre geolier. Il nous
met entre les mains les journaux où nous sommes
maltraités; il nous retient ceux où l'on parle de
nous en termes moins hostiles. Il nous prive des
ouvrages qui nous sont favorables, sous le prétexte
qu'ils ne sont pas parvenus par la voie du ministère; mais il montre le plus grand zèle à nous procurer, même aux dépens de sa propre bibliothèque, tous les libelles publiés contre nous.

Le principal objet cependant sur lequel se dirige
toute l'attention de sir Hudson Lowe, c'est d'empêcher toutes les nouvelles qui nous concernent,
autres que celles qu'il veut bien donner lui-même,
de pénétrer en Europe. Il est alarmé à l'idée seule
qu'un avis quelconque de notre part puisse sortir
de l'île. C'est pour cela qu'il ne permit plus aux
étrangers de nous approcher, et il nous impute à

grand crime tout détail donné par nous sur les
traitemens que nous éprouvons. Il a même été
jusqu'au point de me dire, que, si je continuais à
écrire en Europe sur le même ton que j'avais pris
jusqu'ici, il m'éloignerait de l'Empereur, et me
ferait quitter Ste-Hélène. Je n'ai cependant jamais
écrit que la vérité, et il m'était bien impossible de
dire que nous étions heureux et bien traités. Sir
Hudson Lowe se défie, à ce qu'il paraît, de ses
agens même, qui reçoivent nos lettres, et qui les
lisent après lui; car il dépend d'eux de les suppri-
mer s'ils le trouvent bon, après en avoir pris connaissance. Je désire cependant qu'on ne me fasse
pas pareille menace une seconde fois; j'aurai soin
de ne plus écrire à ma famille, et je dois dorénavant être considéré comme mort pour elle. Ma
première intention était d'envoyer ce rapport-ci à
Votre Altesse, en le faisant passer par les mains
même du gouverneur; mais je suis maintenant
forcé d'attendre, et de choisir quelque moyen plus
secret. Vous n'y aurez rien perdu, car probablement cet écrit ne vous serait jamais parvenu si
j'avais suivi mon premier projet. Tôt ou tard je
trouverai une voie secrète et sûre. Quelque voyageur généreux, ami de la vérité, se chargera,
je l'espère, de cette lettre, dont le contenu n'a
aucun rapport avec la politique, mais qui est cependant de quelqu'importance pour l'honneur de
l'Angleterre même; et ce voyageur, en s'en
chargeant, ne croira faire autre chose que rem-

plir le devoir d'un homme honnête et d'un bon citoyen.

Sir Hudson Lowe a tort, et exagère sans doute tout ce qui a rapport à nous. On ne voulait s'assurer que de nos personnes; il s'est imaginé qu'il est tenu de nous emprisonner. On voulait nous séparer du monde politique, il croit de son devoir de nous enterrer vivans. On trouvait nécessaire de soumettre notre correspondance à quelque examen, pour empêcher toute conspiration; il croit qu'il doit nous perdre dans un oubli total, et anéantir jusqu'au souvenir de notre existence. Si les instructions secrètes de ce gouverneur l'obligent à en agir ainsi, alors les ministres ont une conduite bien différente du langage qu'ils tiennent au parlement; alors ils agissent en opposition avec l'opinion générale qui règne dans leur pays, et qui règne dans l'Europe entière, chez tous les êtres généreux, quelles que soient leurs opinions politiques. Ils chargent leur administration de tout l'odieux d'une cruauté sans objet. La vérité paraîtra enfin dans son jour, et les peuples demanderont alors avec indignation : « Qu'avaient » de commun des traitemens de cette nature avec » le rang et la conservation assurée du prison- » nier? » Si, d'un autre côté, cette conduite n'est que le résultat du zèle officieux et excessif de sir Hudson Lowe, elle dégrade son caractère, et fera l'opprobre de sa mémoire.

Quoi qu'il en soit, il n'est que trop certain qu'en

contravention manifeste du sens et des termes précis des lois anglaises, nous gémissons ici sous l'arbitraire et la tyrannie d'un seul homme; d'un
homme qui, pendant vingt ans, a eu l'unique emploi d'enrégimenter des déserteurs et des criminels
italiens dans des corps anglais, et d'établir la
discipline parmi eux; d'un homme, dont le cœur
est endurci, dont l'imagination travaille sans
cesse, qui est dans des alarmes perpétuelles, et
qui ne met pas plus de bornes à ses mesures de
précautions qu'à ses craintes.

Cet état cruel est le résultat funeste de notre
séjour aux extrémités du globe, au milieu des
flots de l'Océan. Et, combien de temps encore
durera notre châtiment? La vérité ne se frayera-
t-elle jamais un chemin jusqu'aux oreilles du peuple anglais? Ne mettra-t-il point lui-même un
terme à ces excès qui le déshonorent? Devons-
nous périr sans secours sur cet horrible rocher?
Nous coûtons des sommes énormes à la mère-pa-
trie, et nous sommes en même temps la ruine de
cette misérable colonie. Le peuple de l'île Sainte-
Hélène maudit notre séjour, et nous, nous dési-
rerions n'y être jamais venus. Une question s'élève
enfin : quel est le but de tout ceci? L'Empereur
disait gaîment, il y a quelque jours : « Bientôt,
» nous ne vaudrons ici ni l'argent que nous coû-
» tons, ni les soins qu'on prend de nous. »

Pourquoi les ministres ne nous permettraient ils
pas de revenir? Notre retour attesterait leur force

8

et la fermeté de leur caractère. Les peuples croiraient bientôt que notre bannissement temporaire était dû à la politique seule, et non à la haine. Le ministère ferait ainsi de grandes économies, et acquérerait un grand renom.

L'Empereur n'a cessé de conserver, pour le présent comme pour l'avenir, les mêmes désirs qu'il eut lorsque, volontairement et sans défiance, il se rendit à bord du *Bellérophon*. Sa carrière politique est terminée. Le repos, sous l'empire des lois positives, est tout ce qu'il demande, tout ce qu'il désire. L'état précaire de sa santé; les infirmités du corps qui se montrent déjà; le progrès des ans; un certain dégoût pour toutes les entreprises des hommes et même pour l'humanité entière, lui rendent ce repos plus nécessaire et plus désirable que jamais. Quant à nous, qui avons suivi l'Empereur, quelque injuste qu'un emprisonnement puisse être, un cachot cependant sur le sol anglais, serait pour nous un véritable bienfait. Délivré de l'arbitraire d'un agent subalterne, la main protectrice du pouvoir s'étendrait vers nous, nous respirerions encore l'air de l'Europe; et si nous succombions sous le poids de nos misères, nos ossemens reposeraient au moins sur une terre amie.

. Les commissaires des puissances alliées débarquèrent ici il y a quelques mois; sir Hudson Lowe leur donna d'abord à entendre que leur mission était uniquement passive; qu'à notre égard, ils

n'avaient ni pleins-pouvoirs, ni même des pou-
voirs de médiation. Après cela, il envoya le traité
du 2 août; à Longwood, et demanda que ces
commissaires y fussent admis. L'Empereur refusa
de reconnaître leur caractère public; mais il ne
se refusa point à les recevoir comme particuliers.
Il fit remettre à ce sujet, à sir Hudson Lowe,
par M. de Montholon, une réponse officielle, fou-
droyante et pleine de sens et d'idées élevées. Il est
à désirer que cette pièce puisse parvenir à Votre
Altesse, malgré les efforts zélés de sir Hudson Lowe
pour la tenir secrète. On ne saurait guère se former une idée des alarmes du gouverneur à ce sujet; et j'ai déjà, pour mon compte, essuyé de sa
part de vifs reproches pour cet écrit.

L'Empereur parle souvent de vous tous. Il a la
plupart de vos portraits placés dans sa chambre.
Sa demeure est devenue un petit sanctuaire de famille. Il a reçu des lettres de vous, de Madame,
du cardinal Fesch et de la princesse Pauline; mais
il lui était extrêmement pénible de penser que les
expressions d'amour et de tendresse, contenues
dans ces lettres, avaient déjà été lues par tous les
agens entre les mains desquels elles étaient passées. Il aime mieux ne pas recevoir de lettres que
de les obtenir à de pareilles conditions. De son
côté, il désirait en écrire à sa famille, et les envoyer directement au prince-régent de la Grande-
Bretagne; mais on lui donna à entendre que de
pareilles lettres ne pouvaient être envoyées qu'ou-

vertes; et que, s'il les cachetait, le sceau en serait rompu.

En cet état de choses, l'Empereur trouva préférable de renoncer à toute correspondance.

J'ai à différentes reprises, dans ce rapport, fait mention des souffrances que nous, qui avons accompagné Napoléon, avons eu à supporter; mais nous sommes insensibles à tous les maux, quand nous pouvons jouir du bonheur de montrer à l'Empereur notre attachement. En lui seul, nous sentons nos privations. Nos afflictions personnelles nous élèvent au rang, et nous remplissent de la joie des martyrs. Nous vivrons éternellement dans les cœurs de tous les hommes généreux. Mille et mille mortels envient, sans doute, notre sort; nous en sommes fiers et il nous rend heureux.

Longwood, à Ste-Hélène, septembre 1816.

LETTRE

DU COMTE LAS CASAS

A LORD BATHURST.

AVERTISSEMENT

DE L'ÉDITEUR ANGLAIS.

QUAND il fut fait mention à la chambre des communes, le 14 mai 1818, des persécutions essuyées par le comte de Las Casas, compagnon d'infortune de Napoléon, à Ste-Hélène, des rapports et des plaintes si excessivement ridicules lui furent attribués, qu'ils semblaient n'avoir été inventés que dans l'unique dessein de fournir au ministre anglais les moyens de les réfuter victorieusement, et d'en réduire l'auteur à l'absurde.

Dans le courant de la discussion, un de ces membres obscurs et subalternes, qui se sont donnés à l'administration, qui soutiennent et qui servent complaisamment les ministres, un nommé *Goulburn*, avec l'intention, sans doute, de se rendre utile et agréable à ses supérieurs immédiats, n'a pas hésité à joindre l'insulte et l'outrage au mensonge. Faute d'autres fleurs de rhétorique, il a, sans doute, trouvé facile d'avoir recours à la calomnie et au libelle. Il eut l'effronterie de dire, pour confirmer les bruits absurdes imputés à la victime : « Que ces bruits ne le surprenaient pas; que le per- » sonnage en question possédait l'art de donner une » double signification à ses paroles; et, qu'après

» tout, le châtiment était bien léger, en comparai-
» son de l'offense. »

Assurément, si le respectable, l'indulgent, le
bon M. Goulburn, trouve bien léger le châtiment
infligé à Las Casas pour la faute qu'il indique, mais
qu'il ne prouve pas, il est difficile à contenter.
Quant à ses autres imputations, l'accusation de
mauvaise foi et de mensonge est faite avec d'autant plus de justice à ce même M. Goulburn, que
toutes les correspondances, auxquelles il fait allusion, ont passé par ses propres mains.

C'est cette circonstance et ces discussions qui
ont engagé l'auteur de la lettre ci-jointe à nous
l'adresser, avec la demande de la publier. On con-
viendra, sans douté, que les assertions du respectable M. Goulburn, rendaient une telle mesure
indispensable; cette lettre mit au jour, d'abord, la
nature de la faute qu'on reproche à l'auteur; elle
contient, en second lieu, le détail exact de ses
griefs; elle met enfin le lecteur en état de juger si
le style de l'auteur est susceptible d'une double
entente.

Si cette publication est, à quelque égard, désa-
gréable au ministère, à qui cette lettre est adressée,
il ne doit s'en prendre qu'à son fidèle et véridique
agent; car (ceci est la dernière observation que
nous nous permettrons de faire en faveur de l'auteur de cette lettre), nous observons qu'elle a plus
de six mois de date, qu'elle est restée secrète, et que
jusqu'à ce jour, l'auteur, quelle que fut la force et
la justce de ses plaintes, n'a pas proféré une seule
parole en public contre ses persécuteurs, et qu'il
aurait probablement continué à garder ce même
silence, si la violence et la calomnie n'avaient été
le prix de sa modération.

LETTRE

DU COMTE DE LAS CASAS

A LORD BATHURST.

A mon arrivée à Francfort, décembre 1817.

MYLORD,

Sɪ je supportais sans rien dire les actes arbitraires et tyranniques, l'infraction des lois, le mépris des formes, la violation des principes dont je suis la victime depuis plus d'un an que je me trouve entre les mains de vos agens, mon silence pourrait être pris pour un acquiescement tacite qui me rendrait coupable envers moi-même, envers vous, envers la société toute entière; envers moi qui ai de grands dédommagemens à prétendre; envers vous qui les ignorez peut-être, et qui vous empresseriez de les accorder si mes droits vous étaient connus; envers la société entière, dans l'intérêt de laquelle tout homme de bien doit se montrer intraitable, lorsqu'il s'agit de poursuivre les écarts du pouvoir, pour l'honneur des lois, et la sécurité de ceux qui viennent après lui.

Mylord, si j'ai tant tardé à vous exposer mes griefs, n'en accusez que vous-même, la persécution que j'ai rencontrée sur vos rivages, et celle dont vous avez donné l'impulsion dans les pays voisins. Il semblerait en effet qu'on a inventé pour moi un supplice nouveau : la déportation sur les grands chemins, quoique moribond. Je me suis vu traîné de ville en ville comme un malfaiteur, sans qu'on pût m'en donner aucun motif, ni qu'on voulût m'accorder aucun repos. Dans cet état, comment pouvais-je vous écrire?

C'est à Votre Seigneurie personnellement que j'adresse

tout ce qui me concerne, parce que c'est dans votre département et en votre nom qu'ont commencé les actes dont
j'ai à me plaindre; parce que c'est dans votre département
et en votre nom qu'ils ont continué, et que si depuis, d'autres mains ónt pesé sur moi, c'est Votre Seigneurie qui m'a
placé sous leurs coups; ce sont ses suggestions qui ont dicté
le traitement que j'ai reçu.

Mylord, je suis un des quatre auxquels il vous plut de
réduire, à Plymouth, le grand nombre de ceux qui recher-
chaient le bonheur et la gloire de suivre l'illustre victime
de la terrible hospitalité du *Bellérophon;* je remplissais de
mon mieux à Longwod ma religieuse et sainte occupation;
j'y dévouais toutes les facultés de mon cœur et de mon
âme aux adoucissemens de la captivité la plus dure qui fut
jamais; quand je me suis vu soudainement enlevé par le
gouverneur de Ste-Hélène: peut-être était-il en droit d'en
agir ainsi, j'avais enfreint ses réglemens; je n'étais coupable,
après tout, que d'avoir moi-même usé du droit de tout captif, celui de déjouer sans scrupule la surveillance de son
geôlier; car il n'avait été rien laissé entre nous à la délicatesse, à la confiance, à l'honneur; je ne me suis point plaint
de l'acte exercé envers moi. Je n'ai souffert que dans ce
qui a pu heurter gratuitement celui duquel on me séparait;
c'est presque à ses côtés, presque sous ses yeux, qu'on m'a
saisi; ce qui lui a fait écrire, ainsi que vous l'aurez lu,
qu'en me voyant de sa fenêtre entraîné dans la plaine, au
milieu de nombreux panaches flottans et de chevaux qui
caracolaient autour de moi, il lui sembla voir des sauvages
de la mer du Sud qui, dans leur joie féroce, dansent autour de la victime qu'ils vont dévorer.

Mylord, il a pu m'être permis de croire que la cause de
ce qui m'est arrivé, les pièces secrètes confiées à mon domestique, sur sa propre sollicitation, n'étaient que le résultat d'un piége qui m'aurait été tendu. Le gouverneur lui-
même est demeuré d'accord avec moi, que les apparences
pouvaient justifier ma pensée; mais il m'a donné sa parole
d'honneur qu'il y était étranger, et je l'ai cru. Ces pièces
secrètes, du reste, étaient destinées, dans le principe, à

passer précisément par ses mains; elles lui eussent été adressées, si, peu de temps auparavant, il ne m'avait fait dire que si je ne changeais de style, il prendrait le parti de m'éloigner de celui auquel je me dévouais. Cela est si vrai, et les pièces étaient si peu importantes en elles-mêmes, qu'il n'en a jamais été question depuis; elles sont demeurées tout-à-fait étrangères à l'événement qu'elles avaient fait naître (1).

Mylord, ma captivité à Ste-Hélène n'était que volontaire. Vous aviez prononcé, dans vos réglemens, qu'elle cesserait à mon gré; j'ai donc signifié à sir H. Lowe, dès que je me suis trouvé séparé de Longwood, qu'à compter de cet instant, je me retirais de sa dépendance personnelle, et que je me replaçais sous la protection des lois civiles et générales; que si j'avais commis quelque faute, je demandais qu'il m'envoyât à mes juges; que s'il croyait que mes papiers, que je lui avais donné le temps de parcourir assez pour les comprendre, fussent de nature à être mis sous les yeux des ministres, je demandais qu'ils vous fussent envoyés, Mylord, et moi avec eux; et afin de lui rendre cette détermination plus facile, je lui exposais l'état affreux de ma santé, le danger imminent de celle de mon fils, réduite, comme la mienne, à un tel etat qu'on ne pouvait sans barbarie se dispenser de nous envoyer tous deux à la source des premiers secours de l'art; j'ajoutais en outre, que j'acquiesçais d'avance, volontairement et de bonne foi, à toutes les restrictions même illégales que Votre Seigneurie, au besoin, jugerait à propos de m'imposer à mon arrivée en Angleterre. Sir H. Lowe ne crut pas pouvoir prendre ce parti, et après de longues hésitations, et m'avoir

(1) A moins que ce ne soit ce à quoi un ministre a voulu faire allusion dans la chambre des communes le 14 mai 1818.

Cherchant à justifier les persécutions exercées sur le comte de Las Casas, il a dit qu'on l'avait surpris à établir une correspondance en Europe par l'intermédiaire de l'Angleterre. Mais le noble Lord n'a fait que l'affirmer de vive voix, et a refusé de produire les documens officiels qui en auraient établi la preuve; chacun pourra fixer son opinion d'après cette dernière circonstance.

tenu captif au secret dans l'île pendant cinq ou six semaines, il finit par me déporter au Cap-de-Bonne-Espérance, selon la lettre de ses instructions, mesure qu'il eût pu et eût dû sans doute exécuter en peu de jours. Ce gouverneur a retenu en même temps tous ceux de mes papiers qu'il lui a plu de garder, sans me permettre d'y apposer mon sceau, ou ne me le permettant qu'avec la restriction dérisoire de mon consentement exprès à ce qu'il pût le briser en mon absence s'il le jugeait à propos, ce qui était me l'interdire.

A la faveur de pareilles subtilités, sir H. Lowe pourrait dire aussi peut-être qu'il n'a tenu qu'à moi de revenir à Longwood; il est très-vrai que, pressé par mes argumens et par la délicatesse de sa position vis-à-vis de moi, il m'a offert d'y retourner, parce que cela le tirait d'embarras. Mais en même temps qu'il me l'offrait, il me le rendait impossible. « Vous m'avez souillé, flétri, lui disais-je, en m'enlevant sous les yeux même de Napoléon » je ne pourrais plus être désormais pour lui un objet de » consolation, mais bien plutôt le sujet d'injurieux et pé- » nibles souvenirs; je ne saurais reparaître à Longwood que » sur son désir exprès. » J'ai demandé d'écrire, j'ai même écrit pour connaître ses intentions; mais sir H. Lowe a prétendu dicter lui-même ou limiter mes expressions; j'ai dû m'y refuser. Sa situation au milieu de captifs au secret qu'il faisait agir séparément à son gré, était aussi par trop avantageuse. D'ailleurs, si je retournais, sir H. Lowe ne consentait pas davantage à me rendre mes papiers. Le lendemain, il pouvait renouveler sur moi ou sur mes malheureux compagnons, ses injurieux actes d'autorité; j'avais la douleur d'avoir ouvert la porte à ces excès; mon retour en aurait consacré l'usage; il ne me restait qu'à me déchirer le cœur : il fallut partir.

Voilà, Mylord, je crois, tout ce qui concerne mon séjour à Ste-Hélène; ce que j'ai dit se trouve prouvé et développé dans ma correspondance avec sir H. Lowe, dont vous avez saisi, dans la Tamise, et tenez en ce moment entre vos

mains, toutes les pièces soigneusement arrangées et mises
en ordre par moi-même.

Mylord, arrivé au Cap-de-Bonne-Espérance, je me crus
bien mieux placé pour jouir de la protection de vos lois ;
sorti de l'île fatale sur laquelle l'importance du sujet pouvait
servir de prétexte peut-être à certaines irrégularités, je me
voyais à cinq cents lieues plus loin, dans une colonie tranquille, sous le plein exercice de votre belle législation si
justement vantée. Mais quel fut mon étonnement? Ce que
sir H. Lowe n'avait pas osé faire à Ste-Hélène, me retenir
captif, lord Charles Somerset le trouva très-facile au Cap;
j'eus beau lui faire les mêmes demandes, les mêmes raisou-
nemens, offrir les mêmes concessions qu'à sir H. Lowe
pour être envoyé auprès de vous en Europe, tout fut inu-
tile. Il me retint, et ce fut l'acte de son caprice et de sa
volonté; car sir H. Lowe n'était point son chef, il ne pouvait lui donner des ordres. Lord Charles Somerset était
chef suprême; il jouissait personnellement d'un pouvoir
discrétionnaire, il pouvait et devait être une espèce de juge
sommaire dans mon affaire : il refusa constamment de m'entendre, repoussa tout éclaircissement, et malgré mes vives
et instantes représentations, se contenta d'envoyer froidement demander à trois mille lieues, à mes juges naturels,
s'il ferait bien de m'envoyer à eux; et par-là, il exécuta dès
cet instant sur moi, la plus affreuse sentence qu'aucun tribunal eût jamais pu m'infliger : un bannissement et une captivité de sept à huit mois, à trois mille lieues de ma famille,
de mes intérêts, de mon pays, de mes proches, de toutes
mes affections.

Mylord, d'après la sainteté de vos lois et selon les principes classiques que vous ont légués vos pères, lord Charles
Somerset s'est rendu coupable envers moi du plus grand
des crimes; d'un crime égal, aux yeux de bien des gens,
à l'homicide; plus atroce encore aux miens, par les tourmens que j'ai éprouvés. Je vous le dénonce, et j'en demande justice. Il n'est point d'Anglais à qui ses nobles
prérogatives sont chères, qui ne joigne ici sa voix à la
mienne et n'ait une juste horreur du supplice que j'ai enduré.

C'est en vain qu'on s'excuserait sur ce que le Cap n'est qu'une colonie sous un pouvoir militaire, et avec des lois encore en partie hollandaises. Mylord, partout où arrive le nom Britannique, doit régner la justice et la protection des lois anglaises; ce qui serait un crime sur la Tamise, ne saurait demeurer une action innocente sur un point de l'Afrique, où flotte le pavillon d'Angleterre.

Je n'étais point un prisonnier de guerre, je n'ai pu être qu'un prisonnier judiciaire; me tenir huit mois séparé de mes juges est un déni de justice qui ferait frémir parmi vous; me punir sans jugement, sans sentence, est une tyrannie qui révolte votre législation. Et que demandais-je à lord Charles Somerset, la liberté? Non; mais de vous être envoyé captif, et pour subir un jugement, s'il y avait lieu. Il s'est fait dans ma personne un jeu de ce que la raison a de plus sacré, de ce que le cœur a de plus doux, de ce que l'homme a de plus cher. Et quels pouvaient être ses motifs, quelles seraient ses excuses? il me les a constamment et obstinément refusés. Ici, Mylord, je demande qu'on se persuade bien que l'indignation et la douleur ne m'emportent pas au point de ne pas distinguer, en lord Charles Somerset, les égards privés dont il a cherché à adoucir ma captivité, d'avec l'horreur de l'acte public par lequel il m'y a condamné; bien qu'il soit vrai que, sur la fin de mon séjour, fatigué apparemment de la chaleur de mes expressions, et trouvant sans doute mes réclamations trop importunes, il m'ait fait retenir, en dépit de mes instances et d'incommodités graves, confiné dans une campagne, privé des secours habituels des médecins et des remèdes que la ville pouvait seule m'offrir.

Enfin, Mylord, après sept mois de captivité, et sans doute aussi parce que vos ordres sont survenus, il m'a été signifié qu'il ne me restait plus qu'à me pourvoir d'un bâtiment qui pût me conduire en Angleterre. J'ai vainement sollicité une occasion qui pût convenir au délabrement de ma santé et de celle de mon fils. Les vaisseaux convenables m'ont été refusés sous différens prétextes; je me suis vu réduit, dans le choix qui m'était laissé, au seul bâtiment qui se trouvait prêt à partir et indiqué d'ailleurs par S. E. le gouverneur lui-même. J'ai dû m'y embarquer captif et pourtant à mes frais, ce qui, pour le dire en passant, semble peu conciliable ; c'était un brick de deux cent trente tonneaux et de douze hommes d'équipage, sur lequel, privé de médecin, soumis à tous les inconvéniens, à toutes les privations, à tous les maux d'un aussi petit bâtiment, il nous a fallu endurer une traversée de près de cent jours.

Voilà, Mylord, tout ce qui concerne mon séjour au Cap de Bonne-Espérance ; la preuve et le développement s'en trouvent encore dans ma correspondance avec lord Charles Somerset, saisie par vos ordres dans la Tamise, et en ce moment même, en votre possession.

En atteignant vos rivages, Mylord, je croyais toucher enfin au terme de mes maux. J'avais eu l'honneur d'adresser, en arrivant au Cap, une lettre à S. A. R. le Prince-Régent, pour me placer sous sa protection royale ; je vous en avais écrit une en même temps pour le même sujet. Je ne doutais pas que je ne dusse à ces lettres l'ordre de mon retour ; déjà je me faisais un bonheur qui adoucissait mes chagrins, de retrouver les amis que j'ai à Londres, d'y apprendre si ma femme et mes enfans existaient, d'y veiller à mes intérêts domestiques, depuis plus de trois ans négligés ou détruits. Quel a encore été mon étonnement ? En entrant dans la Tamise, je me suis vu aussitôt transféré à l'écart, mis au secret, et mes papiers scellés. Peu d'heures après, un de vos messagers est venu se saisir de moi au milieu de la nuit, m'a signifié ma déportation sur le continent, et m'a conduit à Douvres, pour la mettre à exécution. Mon départ ayant été retardé de trois jours, le zèle de cet agent a su mettre ce temps à profit ; il a remis mes papiers à ma disposition, m'a fait donner tout ce qu'il me fallait pour écrire, m'y a encouragé de son mieux, et a attendu le dernier instant du départ pour saisir, après la fouille la plus minutieuse, jusqu'à la dernière ligne d'écriture. C'est une sorte de piége, Mylord, que je n'ai garde d'attribuer à d'autre cause qu'à la bassesse de celui qui l'a pratiqué.

Une circonstance de même nature s'est présentée à Ste-Hélène. Sir H. Lowe, après m'avoir gardé cinq semaines au secret, où il m'avait permis tous les moyens d'écrire, voulut, à mon départ, fouiller de nouveau mes papiers ; mais il me suffit alors de donner à entendre à son aide-de-camp l'étrange couleur que prendrait la facilité qui m'avait été offerte de consigner sur le papier des idées qu'autrement j'aurais gardées en moi-même. Sir H. Lowe y renonça à l'instant. C'est une justice que je dois rendre à ce gouverneur.

Ce qu'il y a de plus étrange ici, Mylord, et qu'on aura de la peine à croire, c'est que votre messager, bien que j'aie pu faire, a emballé tous mes papiers, et m'en a séparé sans vouloir en tracer d'inventaire, ni observer aucune des formalités que requièrent toutes les jurisprudences du monde. Persuadé que cette déviation du premier des principes provenait de l'ignorance du subalterne, et non des ordres du ministre, j'ai cherché à y rémédier dans vos intérêts, Mylord, en obtenant la permission et m'empressant d'y apposer mon sceau, afin de vous mettre à même de régulariser à temps les fautes de votre agent. Je désire que Votre Seigneurie apprécie cette mesure ; elle a été calculée, ainsi que vous le prouvera la nature de mes papiers, uniquement pour vous donner une idée de mon caractère et une preuve de ma modération. J'ai eu l'honneur d'écrire à l'instant même à lord Sidmouth, et de lui faire observer en même temps combien ma présence serait nécessaire à l'examen de papiers qui, par une seule parole de moi, deviennent fort simples, tandis que mon absence peut les laisser inexplicables. Lord Sidmouth ne m'a honoré d'aucune réponse.

Mylord, votre agent, en tout point, sortant de la décence et de la générosité qui caractérise si bien les particuliers de votre nation, a accompagné sa mission de plus d'amertume qu'il ne serait facile de l'imaginer. Après m'avoir choqué une première fois par ses grossières invectives sur la personne que je vénère le plus dans le monde, il a épuisé sur moi toutes les turpitudes de la langue, et cela, parce que je ne me prêtais pas à converser avec lui. Il avait reçu de vous l'ordre de me garder ; mais a-t-il pu croire que vous eussiez voulu étendre votre pouvoir jusqu'à me contraindre à faire société avec lui ? Cet homme avait un second, sur lequel ne s'étendent point mes plaintes; bien qu'il ait partagé les mêmes torts, j'ai su néanmoins, en lui, distinguer par fois certaine retenue, et puis il a été excité, aiguillonné par le premier.

Mylord, votre messager, en me signifiant l'ordre de ma déportation au milieu de la nuit, ne m'a laissé de choix que Calais ou Ostende. A peine à moi-même, il a fallu me décider sur-le-champ. Peu d'heures après, rendu à la réflexion, j'ai demandé s'il ne me serait pas permis d'aller en Amérique, ou sur quelqu'autre point du continent? il m'a été répondu que non; que d'ailleurs, d'après mon choix, il avait déjà été écrit au gouvernement; j'ai insisté, mais on m'a déclaré être sûr que tous mes efforts seraient inutiles. Cette assertion pourrait-elle être vraie, Mylord? Je ne saurais le croire; toutefois ma destinée a été résolue sur cette supposition.

On a montré à mes yeux, et l'on a refusé à mes mains, l'ordre de S. A. R. le prince-régent, de sortir à l'instant de la Grande-Bretagne. Ce refus est-il une forme? était-ce une précaution? cet acte royal entraînerait-il une responsabilité, ou a-t-on craint que je n'en fisse un titre d'honneur? Et, en effet, en pourrait-il être autrement, si n'arguant aucun grief, il ne semble punir qu'un des plus rares dévouemens, celui d'un serviteur s'immolant avec son maître qu'avait abandonné la fortune.

Mylord, dans le choix restreint que m'a laissé Votre Seigneurie, j'ai donné la préférence à Ostende sur Calais, par de simples motifs de délicatesse, puisés dans ma tendre vénération pour la patrie; il m'en aurait trop coûté qu'on eût pu dire que mes compatriotes m'auraient persécuté pour un acte de vertu; et peut-être de leur part cette conduite eût-elle été au moins excusable; de la vôtre, Mylord, ma déportation d'Angleterre n'a été qu'un vrai caprice, une dureté sans excuse.

Quoi qu'il en soit, me voilà sur le continent; j'y ai été jeté de votre fait et contre mon gré, et ici, Mylord, qu'il me soit permis de m'arrêter un instant. Je connais toutes les circonstances de ma vie, et j'ai ce bonheur qu'il n'est pas de coin en Europe, où je ne puisse porter un cœur tranquille, un front se-

rein, un pas assuré. Mais vous, Mylord, qui n'avez ni le
loisir, ni le vouloir, ni les facilités de rechercher mon obscure
carrière; si par hasard, les dissensions politiques durant lesquelles il n'est pas toujours nécessaire d'être criminel pour
être poursuivi, eussent mis ma personne en danger; si j'y
eusse succombé, on n'eût vu dans moi qu'une victime; mais
vous, Mylord, qui m'auriez livré, quel nom n'eût pas été le
vôtre? ne vous exposiez-vous pas à ce qu'on pût dire : « Tan-
» dis que les lois anglaises s'énorgueillissent d'avoir aboli la
» traite des nègres aux îles d'Amérique, les ministres anglais
» trafiquent de la chair blanche sur le continent de l'Europe? »

Mylord, par suite de l'impulsion que Votre Seigneurie a
imprimée à mes destinées, j'ai été saisi et conduit à travers le
royaume des Pays-Bas, en malfaiteur et sans pitié, bien que
moribond. Mon indignation n'a pu se taire. Oserai-je à ce sujet, Mylord, vous transcrire des vérités peu agréables? Mais
pourquoi les dissimulerais-je? c'est le droit de tous vos compatriotes de faire entendre la vérité sans crainte à un ministre
d'Angleterre; à plus forte raison ce doit être celui d'un étranger qui a de si justes motifs de plainte et de douleur. Eh bien!
quand je me suis récrié contre un si révoltant abus à mon
égard, on m'a demandé de quel point du globe je venais, d'où
pouvait naître mon étonnement? Les uns m'ont dit : « Notre
» roi est bon, ne vous en prenez pas à lui; il n'est que l'ins-
» trument dont on vous frappe; la main tyrannique vient de
» plus loin ». D'autres répétaient : « Le peuple anglais a de-
» puis long-temps des comptoirs aux Indes pour son trafic; les
» ministres anglais en établissent aujourd'hui sur le continent
» pour leur despotisme. Quand leur autorité expire en Angle-
» terre, ils la prolongent sur le continent. C'est chez nous
» qu'ils ont placé leurs instrumens de torture et leurs exécu-
» teurs. Vous n'échapperez ni à leur inquisition ni à ses sup-
» plices. » Et alors les diatribes d'éclater, et les imprécations
de pleuvoir contre l'Angleterre et les Anglais. Sans doute,
Mylord, les gens sages, instruits et sans passions, sont loin de
s'y tromper, et savent à qui s'en prendre exclusivement; ils
distinguent fort bien l'excellence des lois d'avec leur violation et les abus du pouvoir, ils savent que les vrais Anglais

combattent et détestent toute espèce de tyrannie chez eux et au loin; qu'ils sont dans leur île les défenseurs les plus ardens, les gardiens les plus zélés des grandes et belles vérités qui, sur notre continent, sont l'objet de nos espérances et de nos vœux. Mais le vulgaire n'y regarde pas de si près; il trouve plus simple de s'en prendre à une nation en masse et de la maudire toute entière.

Mais enfin, Mylord, après tout, quel est mon crime, quel peut être le motif d'une si cruelle persécution? J'ose vous le demander, et les pays où elle s'est prolongée par votre impulsion vous le demandent avec moi. Partout les autorités qui ont agi sur ma personne m'ont évité avec soin; elles eussent été embarrassées de mes droits et n'eussent pu motiver leurs actes; elles en ignorent elles-mêmes la source et la cause; depuis le Cap de Bonne-Espérance jusqu'au lieu où je me trouve, si je demande quel jugement, quelle sentence, quelle charge existe contre moi, on ne me répond que par un ordre. Si je sollicite un motif, je n'obtiens que le silence.

Mylord, j'ai eu l'honneur de vous l'écrire du Cap, et j'ose vous le répéter ici. Quelle objection raisonnable s'opposait au vœu que je formais de demeurer sur votre sol et auprès de vous? Craignait-on que je ne parlasse, que je n'écrivisse sur des sujets politiques? Mais quel inconvénient mes écrits pouvaient-ils avoir dans votre île? Craignait-on que je ne fisse entendre des plaintes importunes sur votre administration? Mais est-il un point sur le continent où l'on puisse étouffer mes cris, et où je ne trouve les esprits disposés à m'entendre? Votre voisinage, Mylord, votre seul territoire, n'était-il pas celui où vous aviez sur moi le plus d'action et d'autorité? Si je me rendais coupable, n'avez-vous pas vos lois générales? Si je me rendais importun, n'avez-vous pas vos lois particulières; et surtout le *bill des étrangers?* Enfin, plus que tout cela, vous avez pour garantie de ma réserve et de ma modération, mon désir de demeurer auprès de vous; et ce désir était extrême, Mylord, je vais vous en dire la cause. Mon séjour en Angleterre accomplissait les vœux, le destin du reste de ma vie, celui de me consacrer à jamais (sans enfreindre vos réglemens, et par les voies légales que vous avez admises) à

9

procurer des adoucissemens et des consolations à celui que je
pleure. Je vous suppose assez d'élévation, Mylord, ainsi qu'à
vos collègues, pour ne remplir en cette circonstance qu'un devoir politique, et demeurer étranger à toute animosité personnelle. Quand vous avez pourvu à la sûreté du captif, vous ne
sauriez lui envier des allégemens qui ne vous seront point à
charge. Vous les faciliteriez plutôt ; or, j'implore de vous cet
emploi religieux ; mon cœur a le besoin de le remplir, je le
ferai avec loyauté ; je vous en eusse convaincu, Mylord, si
j'avais pu parvenir jusqu'à vous, et je n'en désespère point
encore ; je sollicite de nouveau et toujours...

J'avais compté aussi, Mylord, je l'avone, comme une chance
de mon admission auprès de vous, le désir de Votre Seigneurie
de saisir cette occasion singulière de vous affermir dans la connaissance de la vérité ; je pensais que votre poste et votre caractère vous en faisaient une loi. En prononçant sur les plaintes
de Ste-Hélène, quelles lumières contradictoires ont éclairé vos
nobles fonctions de jury ? J'eusse répondu à toutes vos questions, avec candeur, sans passion ; je vous eusse convaincu
sans éclat, si vous en aviez eu le désir, de toutes les erreurs
dans lesquelles la multiplicité et l'importance de vos affaires
vous laissent sur ce qui nous concerne. J'ai lu, dans trois papiers différens (les *Times, New-Times*, et *London-Chronicle*),
votre réponse à lord Holland sur sa motion relative à Ste-Hélène, et je puis vous assurer que presque chaque ligne est une ir-
régularité. A Dieu ne plaise, Mylord, que je ne vous croie dans
la bonne foi ! Mais vos bureaux vous ont mal instruit. Votre
Seigneurie a affirmé qu'aucun des parens de l'empereur Napoléon, excepté son frère Joseph, ne lui avait écrit. Je déclare le
contraire ; car je lui ai remis moi-même trois à quatre lettres
venues de vous par le canal de sir H. Lowe ; savoir, de Ma-
dame-Mère, madame la princesse Borghèse et son frère Lucien. Le fait est peu important en lui-même, Mylord ; mais
cette inexactitude matérielle doit exciter nos doutes sur d'autres points, et donner du poids à mes assertions sur le reste. Ce
qui me concerne, par exemple, est tellement défiguré, que
quelque sujet que j'aie de me plaindre de sir H. Lowe, je n'hé-
site pas à penser qu'il se récriera sans doute lui-même contre

rn exposé aussi peu véridique. Du reste, Mylord, dans la chaleur des partis, et dans toute opposition, il se forme inévita-
)lement deux vérités apparentes. La mienne ne saurait être pré-
:isément la vôtre. Le public le sait; aussi c'est sur les pièces offi-
:ielles qu'il aurait aimé à établir la sienne. Vous avez cru devoir
les refuser. Mylord, n'aurez-vous pas fixé son opinion?

Mylord, je me résume après de si longs détails:

1° Je demande justice et redressement de l'abus d'autorité,
de l'acte arbitraire, tyrannique, par lequel lord Charles Somerset m'a privé si long-temps de ma liberté, en violation
des lois positives de son pays.

2° Je demande justice et redressement des formes irrégu-
lières avec lesquelles on a saisi tous mes papiers dans la Tamise, et on m'en a séparé sans vouloir, en dépit de toutes
mes instances, en dresser d'inventaire.

3° Je demande justice et redressement de ce qu'au mépris
de tous les principes, j'ai été livré captif sur le continent, et par
suite de l'impulsion ou des instructions données, contraint de
traverser la Belgique et les pays adjacens en malfaiteur.

4° Je demande la visite et la restitution promptes des papiers qui m'ont été saisis dans la Tamise. La plupart avaient
été respectés par sir H. Lowe, et d'autres me deviennent absolument nécessaires dans l'usage journalier de mes relations
domestiques; ils contiennent tous mes titres de propriété et
de fortune; sans eux, je demeure privé de tout (1).

5° Je demande la restitution de mes papiers de Ste-Hélène,
dont l'inventaire, reconnu et signé par sir H. Lowe, se trouve
parmi les papiers saisis sur la Tamise. Les papiers de Ste-Hélène se réduisent à peu près à un seul manuscrit, renfermant
l'espace de dix-huit mois, où, jour pour jour, se trouvent
inscrits, encore en désordre et sans être arrêtés, les conver-

---

(1) Ces papiers ont été restitués depuis, il est vrai, mais au bout de
quatre mois. Les ministres ont même fait écrire qu'ils les avaient renvoyés
immédiatement et sans les ouvrir; ils ont pleinement désavoué par-là, sans
doute, leur agent; mais en est on moins fondé à poursuivre une privation
de quatre mois, et le châtiment d'une violation aussi monstrueuse que
celle du subalterne? Le comte n'a jamais prétendu se refuser à l'examen
de ses papiers, il ne s'est élevé que contre les formes et leur tyrannie...

sations, les paroles, les gestes peut-être, de celui qui long-temps guida les destinées de l'Europe.

Ce manuscrit, sacré par sa nature et son objet, était inconnu à tous et devait le demeurer; j'en ai laissé prendre connaissance à sir H. Lowe suffisamment pour le convaincre de son inoffensive nature. En arrivant au Cap, j'ai eu l'honneur d'écrire au prince-régent, par le canal des ministres, aussi bien qu'à eux-mêmes, pour mettre ces matériaux précieux sous leur protection spéciale: je le leur demandais, au nom de la justice, au nom de l'histoire. Ils sont, aux yeux de toutes les lois, ma propriété sacrée, celle de mes enfans, celle de l'avenir.

6° Enfin, et sur toute chose, je demande la restitution de la lettre que l'empereur Napoléon m'a fait l'honneur de m'adresser dans ma prison, au secret, dans l'île de Ste-Hélène. Une lettre étrangère à la politique, lue par le gouverneur de Ste-Hélène, lue par les ministres même, s'ils l'ont voulu, ne saurait dans aucun code du monde, quelque sévères d'ailleurs qu'en pussent être les expressions confidentielles, être enlevée à celui dont elle est devenue la propriété. Cet objet précieux et sacré est la récompense de ma vie, le titre de mes enfans, le monument de ma famille.

Mylord, ami naturel et réfléchi de toute convenance et de toute modération, c'est à vous que j'adresse d'abord l'énumération de mes griefs. C'est à vous seul que j'en demande sans éclat le redressement. Si Votre Seigneurie croyait ne devoir pas y répondre, ce serait à vos tribunaux de justice que je me trouverais dans l'obligation d'adresser mes plaintes; après eux viendra encore le tribunal de l'opinion publique, et ensuite par-dessus tout encore, ce tribunal suprême d'en-haut qui, planant également sur la victime et sur les oppresseurs, accomplit dans l'éternité le triomphe infaillible de tous les droits, et le châtiment final de toutes les injustices.

J'ai l'honneur d'être, Mylord, avec une haute considération, etc.

Signé, LE COMTE DE LAS CASAS.

FIN.

www.ingramcontent.com/pod-product-compliance
Lightning Source LLC
Chambersburg PA
CBHW060204100426
42744CB00007B/1165